Meine Zelle war ein großer Garten

Meine Zelle war ein großer Garten

Der Fall der türkischen Ärztin und Kommunistin Banu Büyükavci

Marian Wild

Christine Deutschmann

Charly Johnson

Susa Kaiser

Jürgen Kaufmann

Felicia Peters

Manfred Rothenberger

Renate Schmidt

Ulli Schneeweiß

Yunus Ziyal

Und die nach uns kommen, sollen nie mehr
Durch Eisengitter, sondern aus hängenden
   Gärten sehen
Die Frühlingsfrühen, die Sommernächte
   im Land

Nâzım Hikmet

Vorwort

Fast drei Jahre saß die aus der Türkei stammende Nürnberger Fachärztin für Psychosomatik und Psychiatrie Dr. Dilay Banu Büyükavci allein aufgrund ihrer Mitgliedschaft in einer in Deutschland nicht verbotenen kommunistischen Partei in der Justizvollzugsanstalt Stadelheim München in Untersuchungshaft – mehrere Monate davon sogar in Isolationshaft, was nicht nur Renate Schmidt, ehemalige Vizepräsidentin des Deutschen Bundestages, für »unverfroren, unmenschlich und ungerecht« hält.

Dass Banu Büyükavci schließlich von einem deutschen Gericht zu dreieinhalb Jahren Freiheitsstrafe verurteilt wurde, ist aus vielerlei Gründen ein unerträglicher Justizskandal, der nicht vergessen werden darf, sondern dokumentiert, öffentlich gemacht und aufgearbeitet werden muss. Darum unterstützen wir die Herausgabe dieses Buches.

Die Vereinigung der NaturFreunde wurde 1895 von einer Gruppe Sozialisten und Sozialistinnen in Wien gegründet. Der Lehrer Georg Schmiedl, der Metallarbeiter Alois Rohrauer, dessen Sohn Josef und der Jurastudent Karl Renner wollten die Arbeiter hinausführen in die Natur – als Ausgleich zu ihrem 14-Stunden-Arbeitstag und menschenunwürdigen Wohnverhältnissen –, sie aber auch für eine Welt in Freiheit begeistern. Alois Rohrauer: »Möge nicht mehr fern sein der Tag des Sonnenaufgangs der Gehirne, dass es nicht nur heißt ›Berg Frei!‹, sondern auch ›Mensch frei!‹«

1905 wurde die Naturfreunde-Idee von Wandergesellen über München nach Deutschland gebracht, und bereits 1908 entstand die erste Ortsgruppe in Nürnberg.

Unser Signet, der Handschlag mit drei Alpenrosen, steht für Solidarität – von Beginn an setzten sich die NaturFreunde für die Interessen der Arbeitenden ein und wurden in Folge 1933 von den Nationalsozialisten als marxistische Organisation verboten. Nicht wenige unserer Mitglieder wurden drangsaliert, eingesperrt, erschlagen oder im KZ gequält und umgebracht, unter ihnen war auch der Nürnberger Rudolf Lodes. »Berg Frei!« lautet unser Gruß. Was soll das heißen? Die Berge sind doch für jede und jeden frei zugänglich! Das aber war nicht immer so. Noch Anfang des 20. Jahrhunderts hatten Jagdpächter und Grundbesitzer in Österreich das Recht, Fremde von ihrem Grund und Boden zu vertreiben. »Berg Frei!« war daher unsere Parole beim Kampf um das Recht, die Landschaft in den Alpen betreten zu dürfen, ohne vorher eine Erlaubnis einholen zu müssen. Auch in Deutschland durfte man bis zum Ersten Weltkrieg nicht in den Wald gehen zum Beerenpflücken oder Pilzesammeln, bevor der Grundherr den Wald freigegeben hatte.

Heute gibt es die Bewegung der NaturFreunde weltweit – sogar im Flachland. Und heute bedeutet »Berg Frei!«: Nutze deine Möglichkeiten; schone alles, was du unter Natur verstehst; stehe ein für die Rechte des Menschen – nicht nur, was Wälder und Berge anbelangt; stelle dich gegen die Ausbeutung von Mensch und Natur, gegen Nationalismus und Rassismus jeglicher Art.

Als der mehr als fragwürdige und äußerst umstrittene Prozess gegen Banu Büyükavci und neun weitere Mitangeklagte nach mehr als vier Jahren und 234 Verhandlungstagen endlich endete, wurden die zehn Mitglieder der TKP/ML zu Freiheitsstrafen zwischen drei und sechs Jahren verurteilt. Zur Last gelegt wurden ihnen Vorwürfe wie die Veranstaltung von Konzerten, die Sammlung von Spenden und die Verteilung von Flyern – allesamt legale Aktivitäten für eine in Deutschland legale Organisation. In der Türkei wird das, wie so viele andere oppositionelle Stimmen auch, als »terroristisch« angesehen.

Aber Banu Büyükavci war und ist nicht kriminell, ihr wurden keine Straftaten zur Last gelegt. Wir als NaturFreunde können und wollen nicht akzeptieren, dass die Bundesregierung mit ihrem politisch motivierten Verfahren gegen Banu Büyükavci und ihre Mitstreitenden – vielleicht dem türkischen Präsidenten Recep Tayyip Erdoğan zuliebe? – die Diskreditierung und Verfolgung von Oppositionellen und Freiheitsbewegungen in der Türkei unterstützt.

Wir NaturFreunde denken und handeln global. Daher fühlen wir uns dazu verpflichtet, auf Schicksale und Missstände wie diese hinzuweisen. Allein aufgrund ihrer Gesinnung dürfen Menschen nicht verfolgt, verurteilt oder abgeschoben werden, schon gar nicht in ein Land wie die Türkei, wo Regierungskritiker*innen und Oppositionellen Gefängnis und Folter drohen.

Dieses Buch erzählt, wie Banu Büyükavci aufgewachsen ist, warum sie Ärztin und Kommunistin geworden ist, wie sie ihre Haftzeit, die Winkelzüge der deutschen Justiz und den Prozess gegen sie erlebt hat – und warum eine mutige, kämpferische und engagierte Frau wie sie in der Türkei verfolgt und kriminalisiert wird.

Dieses Buch informiert aber auch darüber, wie die Türkei zu dem Land werden konnte, das es heute ist, wie fanatischer Nationalismus und die kontinuierliche Unterdrückung von ethnischen Minderheiten und kultureller Vielfalt zu Gewalt und Elend führen, und nicht zuletzt, wie wichtig es ist, demokratische Rechte wahrzunehmen, sie zu verteidigen und für sie zu kämpfen.

»Berg frei!« heißt damals wie heute: politisch sein!

NaturFreunde Nürnberg-Mitte e.V.

»Eine konkrete Straftat war Dr. Büyükavci nie vorgehalten worden«

#BanuMussBleiben
Eine kurze Chronologie der Ereignisse

Am 15. April 2015, einem schönen Frühlingstag, sitzt Banu Büyükavci, Fachärztin für Psychosomatik und Psychiatrie am Klinikum Nürnberg, nach der Arbeit mit einer Freundin und einem Kollegen von ver.di in einem Nürnberger Café, als plötzlich eine schwer bewaffnete Anti-Terror-Einheit der Polizei anrückt, ihr einen Haftbefehl vor die Nase hält und sie auf der Stelle verhaftet.

Die Nachricht von ihrer Festnahme verbreitet sich wie ein Lauffeuer, denn Banu Büyükavci, 2005 als promovierte und verbeamtete Allgemeinmedizinerin aus der Türkei nach Nürnberg gekommen, um hier eine Fachausbildung zu machen, lebt und arbeitet zu diesem Zeitpunkt seit mittlerweile zehn Jahren unbescholten in Deutschland; sie ist allseits geschätzt, beliebt und geachtet bei Kolleg*innen und Patient*innen.

Von einem Tag auf den anderen sitzt die Ärztin nun in Untersuchungshaft im Münchner Hochsicherheitsgefängnis Stadelheim. Nicht – wie ihre Freunde zu diesem Zeitpunkt noch glauben – nur für einige wenige Tage, sondern für rund 35 Monate, darunter vier Monate in Isolationshaft, das bedeutet 120 Tage jeweils in 23-stündiger Einsamkeit in der Zelle, unterbrochen nur von einer Stunde Hofgang.

Was hat diese Frau Verbrecherisches getan, um für fast drei Jahre in einem Hochsicherheitsgefängnis festgehalten zu werden – zeitgleich übrigens mit Beate Zschäpe, Mitglied der Terrorgruppe »Nationalsozialistischer Untergrund«, die später als Hauptangeklagte im NSU-Prozess wegen Mittäterschaft bei der Ermordung von insgesamt zehn Menschen zu lebenslanger Haft verurteilt wurde? »In Stadelheim«, erzählt Banu

Banu Büyükavci, Nürnberg, 2015

Büyükavci, »verbreitete sich das Gerücht, ich hätte 50 Menschen umgebracht oder wäre eine Kindsmörderin« – aufgrund ihrer Isolationshaft war es ihr zunächst nicht möglich, diese Gerüchte zu widerlegen.

Der wahre Grund für die Verhaftung ist ein anderer. Banu Büyükavci soll eine Organisation unterstützt haben, die in den Augen der deutschen Justiz womöglich eine Terrororganisation ist, nämlich die 1972 gegründete Türkische Kommunistische Partei / Marxisten-Leninisten – kurz: TKP/ML. Diese Partei ist in Deutschland weder verboten noch als terroristische Vereinigung eingestuft, wird jedoch vom türkischen Staat als Terrororganisation angesehen und vom deutschen Verfassungsschutz beobachtet und als linksextrem eingestuft. Aus diesem Grund ermittelt die Bundesanwaltschaft im Auftrag des Bundesjustizministeriums gegen Anhänger dieser Gruppierung in Deutschland. Ziel der TKP/ML sei es, das politische System in der Türkei mittels bewaffneten Kampfes zu stürzen, um eine »Diktatur des Proletariats« zu errichten. Zehn Menschen sitzen deshalb nun – verteilt auf verschiedene Gefängnisse – in Untersuchungshaft, Banu Büyükavci ist die einzige weibliche Angeklagte.

Die Anklage lautet auf Mitgliedschaft in der TKP/ML und die Bildung des Auslandskomitees der Partei; sie stützt sich auf die nach den Terroranschlägen auf die USA im Jahr 2002 vom Bundesjustizministerium erteilte Verfolgungsermächtigung nach dem sogenannten »Terrorismusparagrafen« 129 StGB, der die Gründung, aber auch die Unterstützung und das Werben für eine »kriminelle und terroristische Vereinigung im Ausland« unter Strafe stellt, bei Vereinigungen, »deren Zwecke oder deren Tätigkeit darauf gerichtet sind, Mord oder Totschlag oder Völkermord oder Verbrechen gegen die Menschlichkeit (...) zu begehen.«

»Verbrechen gegen die Menschlichkeit« gibt es täglich auf diesem Planeten, auch oder gerade in staatlichem Auftrag, die Beispiele sind Legion. Doch käme das Bundesjustizministerium wohl niemals auf die Idee, mit Hinweis auf § 129 den türkischen Staatspräsidenten Recep Tayyip Erdoğan, den Generalsekretär der Kommunistischen Partei Chinas Xi Jinping oder den der Ermordung des Journalisten Jamal Khashoggi verdächtigen saudischen Kronprinzen Mohammed bin Salman bei einem Staatsbesuch in Deutschland verhaften zu lassen.

Denn neben Rechtswesen, Gesetzen und weltweit geltenden Menschenrechten nehmen immer auch geopolitische Verflechtungen, globale Interessen bzw. Abhängigkeiten, und nicht zuletzt der Rang der eines Verbrechens verdächtigen Person Einfluss auf die Anwendung von Recht und Gesetz.

So kommt es hin und wieder zu verblüffenden Verwendungen (oder auch Vermeidungen!) des Begriffes »Terrorist«. Der einstige Befreiungskampf des African National Congress (ANC) gegen das südafrikanische Apartheidsystem etwa galt im Westen lange Zeit als terroristischer Akt – der später mit dem Friedensnobelpreis geehrte Nelson Mandela landete sogar auf der Terrorliste der USA, von der er erst 2008, also 15 Jahre *nach* Erhalt des Friedensnobelpreises, wieder gestrichen wurde. »The Times They Are A-Changin'« sang Bob Dylan 1964 – ja, die Zeiten ändern sich, aber nicht immer, und vor allem nicht automatisch, zum Besseren.

Nach ihrer Verhaftung wird Banu Büyükavci keine konkrete strafbare Handlung vorgeworfen, ihre politische Gesinnung reicht offenbar aus, um sich als Beschuldigte in einem der größten »Terrorprozesse« der Ge-

genwart wiederzufinden. Sie und die anderen neun Angeklagten vermuten, Opfer des türkischen Präsidenten Recep Tayyip Erdoğan zu sein, der von befreundeten Ländern regelmäßig die Auslieferung von »Terroristen« (wie er seine Kritiker*innen gerne bezeichnet) verlangt und die TKP/ML als Verbündete der kurdischen PKK ansieht. Bemerkenswerterweise saßen einige der Angeklagten in der Türkei wegen ihrer angeblichen Nähe zur TKP/ML bereits in Haft, wurden dort sogar Opfer von Folter und erhielten auch deswegen nach ihrer Freilassung in Deutschland politisches Asyl.

Höchst umstritten in der kritischen Öffentlichkeit ist das TKP/ML-Verfahren vor allem, weil sich die Anklage unter anderem auf von der Türkei übermittelte Dokumente der dortigen Sicherheitsdienste stützt, in Teilen sogar auf Berichte von illegal in Deutschland aktiven türkischen Geheimdienstagenten. Weder der ehemalige Justizminister Heiko Maas noch seine Nachfolger*innen konnten sich jedoch bis heute dazu durchringen, die Verfolgungsermächtigung, ohne die nach § 129b nicht angeklagt werden darf, zurückzuziehen.

Banu Büyükavci selbst ist der Überzeugung, sie sei im Gefängnis gesessen, weil sie Kommunistin und Feministin ist, und weil sie es gewagt habe, den autoritären Staatschef Erdoğan öffentlich zu kritisieren. War ihre Festnahme also ein »politischer Liebesdienst für die Türkei«, wie *Der Spiegel* vermutet? Auf eine Anfrage der Partei Die Linke im Bundestag, ob die türkische Regierung in der Anklage gegen Büyükavci und ihre Mitstreiter involviert sei, antwortet die damalige Bundesregierung: »Weder das Bundeskriminalamt noch der Generalbundesanwalt beim Bundesgerichtshof wurden von türkischen Behörden ersucht oder gebeten, strafrechtlich gegen die TKP/ML vorzugehen.« Dennoch sieht Büyükavcis Strafverteidiger Yunus Ziyal seine Mandantin als politischen Häftling: »Es drängt sich der Verdacht auf, dass es hier nicht um Recht, sondern um Politik geht.«

Von wem, wenn nicht von türkischen Stellen, sollen die Informationen kommen, auf denen die Anklage des Generalbundesanwalts basiert? Die damalige Bundesregierung selbst macht dazu mit Verweis auf das laufende Verfahren keine Angaben, lässt aber wissen, dass man mehrfach

Christoph K. Neumann, München, 2020

mit türkischen Ermittlungsbehörden gesprochen habe. Dass deren Arbeit jedoch in der Regel von politischen Interessen gelenkt wird und vor diesem Hintergrund »gewonnene« Ermittlungsergebnisse nicht belastbar sind, davon zeugen die vielen ohne einen ordentlichen Prozess in türkischen Gefängnissen inhaftierten Journalisten, Journalistinnen und viele Oppositionelle jeder Couleur.

Während des Prozesses gegen Banu Büyükavci sorgt am 104. Verhandlungstag die Einschätzung des vom Gericht als Gutachter berufenen Münchner Universitätsprofessors Christoph K. Neumann für Aufsehen und erschüttert die Anklage. »Es war so etwas wie Geschichtsunterricht, was im Verhandlungssaal 101 des Münchner Oberlandesgerichts stattfand«, berichtet die *Frankfurter Rundschau* am 12. März 2018. »Der Historiker und Türkei-Experte Christoph K. Neumann referierte über die politische Lage in der Türkei nach dem Militärputsch 1980. Er sprach von Massenverhaftungen, Hinrichtungen, Folter und Misshandlungen von Gefangenen, dem Verbot politischer Parteien.« Die Beweise der Anklage in diesem Verfahren seien »dünn«, es sei »noch nicht einmal jedem der

Angeklagten eine Mitgliedschaft oder besondere Nähe zur TKP/ML nachzuweisen.« Darüber hinaus zweifle Historiker Neumann »an der politischen Wirksamkeit der TKP/ML und ihrem vermeintlichen Charakter als Terrororganisation. In seinem 17-seitigen Gutachten schreibt er, es sei schwierig, Anschläge in der Türkei eindeutig der Partei zuzuordnen, weil es ›zu keinem ordentlichen Prozess mit einer rechtskräftigen Verurteilung von Schuldigen gekommen‹ sei.« Bei den dem Gericht zugänglich gemachten Ermittlungsunterlagen aus der Türkei handele es sich zudem um »Quellen, deren Berichte notorisch falsch, unzuverlässig, einseitig oder unvollständig sind«, so Neumann, und fügte hinzu: »Eine Gefährdung der türkischen Verfassungsordnung (...) ist eher in Aktivitäten des radikal-sunnitischen ISIS oder der türkischen Regierung sowie des Präsidenten selbst erkennbar.« Die *Frankfurter Rundschau* fasst am Ende zusammen: »Von Präsident Erdoğan geht weit mehr Gefahr für die Demokratie in der Türkei aus als von der TKP/ML.«

Warum der Vorsitzende Richter Manfred Dauster dem vom Gericht bestellten Gutachten des renommierten Fachmanns Christoph K. Neumann, das eigentlich zur sofortigen Einstellung des Prozesses hätte führen müssen, keine weitere Beachtung schenkte, ist eine der großen, bis heute nicht beantworteten Fragen des Prozesses gegen Banu Büyükavci und ihre Mitangeklagten. Gemeinhin gelten Gutachten und Aussage eines Sachverständigen als Beweismittel, sofern das Gericht den Sachverständigen selbst bestellt hat. War der weitere Verlauf des Prozesses – aus welchen Gründen auch immer – vorgezeichnet?

Der Vorsitzende Richter Manfred Dauster war zuvor bereits in anderer Sache auffällig geworden. Am 20. Januar 2015 schreibt die Münchner *tz*: »Vor Beginn des Prozesses gegen einen mutmaßlichen Islamisten und Terrorhelfer in Syrien vor dem Münchner Oberlandesgericht sorgt der Vorsitzende Richter für Wirbel, denn Manfred Dauster, Vorsitzender des Staatsschutzsenats, hat auf seiner privaten Facebook-Seite Fotos von sich in einem T-Shirt mit dem Schriftzug ›Fatih Sultan Mehmet – The Conqueror‹ [dt.: Der Eroberer; Anm. d. Verf.] gepostet (...) Es ist der Name des muslimischen Feldherrn, der einst Konstantinopel von den Christen eroberte. Die Fotos stellte Dauster bereits im Juli 2013 auf seine Seite. Dazu

Salafist trägt Richter-Robe

In dem Richtertalar sehe ich aus wie Harry Potter" Mehmet A. (Name geändert) sympathisiert mit der salafistischen Gruppierung „Die wahre Religion". In der Aufnahme posiert er am OLG München in einer Richterrobe. Ob es die Robe von Dauster ist, ist unklar
Foto: coremedia

»Skandal im Oberlandesgericht – Salafist trägt Richter-Robe«, *Bild*-Zeitung, 22.1.2015

äußern wollte er sich auf Anfrage der Deutschen Presse-Agentur (dpa) nicht. ›Ich habe das nicht zu kommentieren.‹«

Zwei Tage später, am 22. Januar 2015, legt die in der Regel nicht des Linksextremismus verdächtige *Bild*-Zeitung unter der Überschrift »Skandal im Oberlandesgericht – Salafist trägt Richter-Robe« nach: »Der T-Shirt-GAU für Richter Manfred Dauster (59) wird immer kurioser! Zum Bekanntenkreis Dausters gehört wohl ein Deutsch-Türke, der offen mit Salafisten sympathisiert. Kurios: Vom Münchner Mehmet A. (Name geändert) existiert eine Aufnahme, in der er in Richterrobe am OLG posiert. ›Ich sehe mit dem Richtertalar wie Harry Potter aus‹, schreibt Mehmet A. Entstanden ist das Foto in einem Büro am OLG München. Trägt Mehmet A. hier die Robe Dausters? Unklar. Klar aber ist, dass der Richter mit Mehmet A. näher bekannt ist. (...) Der renommierte Jurist sorgte für Wirbel mit einem Fatih-Mehmet-Shirt, dem Eroberer Konstantinopels. In sozialen Netzwerken sind Urlaubsbilder des Richters mit Mehmet A. zu sehen. Auch die umstrittene Aufnahme von Dauster im Fatih-Mehmet-Shirt entstand auf einer gemeinsam besuchten Geburtstagsfeier. Klar ist auch, dass Mehmet A. mit der Gruppe ›Die wahre Religion‹ sympathisiert, Initiatoren der umstrittenen Koran-Verteilungen (›Lies!‹). Darf dieser Richter einen Terrorprozess leiten? Für einen Befangenheitsantrag sah die Bundesanwaltschaft keinen Grund.«

Nun sollte der *Bild*-Zeitung gewiss nicht die Rolle eines Kronzeugen (gegen wen auch immer) eingeräumt werden, und Herr Dauster hat natürlich das Recht, in seiner Freizeit T-Shirts mit welch kruden Botschaften auch immer zu tragen und in den Urlaub zu fahren mit wem auch immer. Aber die Frage muss erlaubt sein, ob es von Klugheit zeugte, diesem Mann die Leitung eines Prozesses zu übertragen, der aufgrund seiner Komplexität und Umstrittenheit in der Öffentlichkeit von den das Gesetz vertretenden Personen äußerste Integrität und ein sensibles Agieren auch im privaten Bereich verlangt.

Am 28. Juli 2020, nach insgesamt 234 Verhandlungstagen, wird das Urteil über Banu Büyükavci und die neun weiteren angeklagten türkischen und kurdischen Männer gesprochen. »Mehr als 40 Jahre Haft, verteilt auf zehn Angeklagte«, bilanziert die *Süddeutsche Zeitung*, »mit diesem Urteil endet einer der aufwendigsten und umstrittensten Prozesse der letzten Jahre in Deutschland. Das Terrorverfahren gegen die türkischstämmigen Kommunisten dauerte mehr als vier Jahre (...).«

Banu Büyükavci erhält dreieinhalb Jahre Gefängnis, die durch die Untersuchungshaft bis auf knapp sieben Monate bereits abgegolten sind. Es droht der nun seit 15 Jahren in Deutschland lebenden Ärztin die Abschiebung aus Nürnberg, der »Stadt des Friedens und der Menschenrechte«, in die Türkei. Dort erwarten sie Verfolgung, Haft und vielleicht sogar Folter – die Regierung von Staatspräsident Recep Tayyip Erdoğan kennt mit Regimegegner*innen in der Regel wenig Gnade.

Noch im Gerichtssaal reckt Banu Büyükavci die geballte Faust in die Höhe, der *Nürnberger Zeitung* gegenüber bezeichnet sie sich als Revolutionärin. Aus einer liberalen Beamtenfamilie im Westen der Türkei stammend, habe ihre Politisierung begonnen, als sie erlebt habe, wie Men-

Banu Büyükavci im Oberlandesgericht München

schen in ihrer Heimatstadt als »Zigeuner« diskriminiert worden seien.
Als junge Ärztin sei sie dann im Osten der Türkei Zeugin von Unterdrückung und Misshandlung von Frauen, von der Herabwürdigung von Kurden und von bitterer Armut geworden.

Daher sei sie Kommunistin geworden. Von Gewalt distanziere sie
sich – auch Jesus und Rosa Luxemburg seien Revolutionäre gewesen, hätten Gewalt aber abgelehnt.

Das Amt für Migration und Integration der Stadt Nürnberg ist nicht
dafür bekannt, derartige Beweggründe bei ihren Ausweisungsentschei-
dungen zu berücksichtigen. Bevor jedoch in Nürnberg die bürokratischen
Mühlen zu mahlen beginnen, werden die Proteste gegen das von vielen
als völlig unverhältnismäßig angesehene Gerichtsurteil und die drohen-
de Ausweisung immer lauter, und zwar quer durch alle gesellschaftlichen
Gruppierungen: Ärztliche Kolleg*innen, Politiker*innen, Musiker*innen,
Theatermenschen, Pfarrer, Amnesty International, der Motorradclub
Kuhle Wampe und viele andere finden unter dem Hashtag #BanuMuss-
Bleiben zusammen. Die Initiator*innen der sich rasch vergrößernden
Protestbewegung sind Charly Johnson, Vorsitzende des ver.di-Landes-

#BanuMussBleiben, Nürnberg, 2021

migrationsausschusses Bayern, und Ulli Schneeweiß, Gewerkschaftssekretär bei ver.di Bezirk Mittelfranken. Die beiden kennen und schätzen
Banu Büyükavci – die Ärztin ist aktives ver.di-Mitglied, vor ihrer Verhaftung hatte sie sich in verschiedenen ver.di-Gremien engagiert, vor allem
im Migrationsausschuss ver.di Mittelfranken und im Landesmigrations-
ausschuss Bayern.

Für die Nürnberger ver.di-Kolleg*innen ist klar: »Wir stehen hinter
Banu, denn Banu gehört zu uns. Gemeinsam mit dem kompletten Bezirk
Mittelfranken und den Kolleg*innen der Landesebene werden wir uns auf
den verschiedensten Ebenen einsetzen, gleichwohl alles dafür tun, dass
Banu nicht ausgewiesen wird«, so Charly Johnson.

Und Linda Schneider, stellvertretende Landesbezirksleiterin ver.di
Bayern, fügt hinzu: »Ich finde, das ist Unrecht, was da passiert. Banu ist
nicht für eine Straftat verurteilt worden, sondern nur für die Mitgliedschaft in einer politischen Organisation, die zumal hierzulande nicht einmal verboten ist. Aber damit gilt sie als vorbestraft. Und nur, weil sie keinen deutschen Pass hat, kann man sie jetzt überhaupt abschieben. Das ist
in gewisser Weise auch rassistisch.«

Es gilt, öffentliche Aufmerksamkeit zu wecken, damit das Amt für Migration und Integration der Stadt Nürnberg Banu Büyükavci nicht still und leise abschieben kann. Ab Dezember 2020 versammeln sich regelmäßig jeden Mittwoch um 17 Uhr vor dem Sitz der Gewerkschaft am Nürnberger Kornmarkt – und damit unmittelbar neben der Straße der Menschenrechte von Dani Karavan – mehr als 100 Unterstützer*innen zur Mahnwache für Banu Büyükavci.

Marcus König, Oberbürgermeister der Stadt Nürnberg, und Joachim Herrmann, Bayerischer Innenminister, erhalten Schreiben von ver.di:
»Wir sind geradezu entsetzt über die in Aussicht genommene Ausweisung und wollen alles daransetzen, diese auf politischem Wege zu verhindern«, heißt es darin, sowie:»Wir müssen mit der politischen Orientierung von Dr. Büyükavci nicht einverstanden sein, um Sie dringend zu bitten, die Prüfung einer möglichen Ausweisung unserer Funktionärin abzubrechen. Es besteht nämlich unseres Erachtens kein Anfangsverdacht der Gefährdung öffentlicher Interessen der BRD. Entscheidend ist für uns die persönliche Eingebundenheit von Frau Dr. Büyükavci in die hiesige Gesellschaft und – auch – unsere Organisation. In unseren Gremien trat Frau Büyükavci niemals agitatorisch auf. Wir erlebten jene stets als besonnene Frau, die bemüht war, auch bei widerstrebenden Interessen und Diskussionen Kompromisse zu finden.«

Seit ihrer ersten Verhaftung setzen sich auch Banu Büyükavcis Kolleginnen und Kollegen im Klinikum Nürnberg für sie ein. Trotz Anklage und Haft wird ihr nicht gekündigt.»Es müsste doch mit dem Teufel zugehen, wenn eine bestens integrierte, weltoffene und konziliante Frau wie Banu vom deutschen Rechtsstaat tatsächlich ausgewiesen würde, nur weil sie einer Organisation angehört, die Erdoğan nicht passt«, so Ulli Schneeweiß.

Das Solidaritätsbündnis»#BanuMussBleiben« richtet sich auch an Heiko Maas, zu dieser Zeit deutscher Außenminister, der mit dafür verantwortlich ist, dass der höchst umstrittene Prozess überhaupt stattfinden konnte. Maas hatte zuvor, noch als Justizminister, die Strafverfolgung von Banu Büyükavci nach § 129b des Strafgesetzbuches genehmigt. Kritiker des Verfahrens hatten Minister und Justiz daher den Vorwurf

Mahnwache Bündnis Frauensolidarität, Kornmarkt, Nürnberg, 17.2.2021

gemacht, sich zu Handlangern des türkischen Präsidenten Erdoğan zu machen, der bis heute fordert, türkische Oppositionelle in allen europäischen Ländern zu verfolgen. »Hätte damals Heiko Maas nicht grünes Licht für die Verfolgung von TKP/ML-Mitgliedern gegeben, müssten wir heute nicht hier stehen«, schimpfte eine ver.di-Sprecherin bei einer der Mahnwachen. Man wisse nicht, was den SPD-Politiker damals zu seiner Entscheidung bewogen habe. »Wir erwarten aber, dass er persönlich und schnell den hierdurch entstandenen Schaden wieder gut macht und seinen Einfluss bei Stadt und Innenministerium geltend macht.«

Der Unterstützerkreis von Banu Büyükavci hofft auf ein Einlenken des Amtes für Migration und Integration der Stadt Nürnberg. Die endgültige Entscheidung liege in deren Ermessen, erklärt der Anwalt der Ärztin. Bei den Mahnwachen und Solidaritätsaufrufen gehe es nun darum, die Stadt zu bewegen, den Ermessensspielraum zugunsten seiner Mandantin zu nutzen.

Und die Unterstützung lässt nicht nach. Die von Vertreter*innen der unterschiedlichsten gesellschaftlichen Gruppierungen gestalteten Mahnwachen finden kontinuierlich jeden Mittwoch statt, auch bei Regen oder

Schnee, und das Spektrum der Unterstützer*innen wird immer größer. Die lokale Presse greift das Thema auf und Mitglieder der im Nürnberger Stadtrat vertretenen Parteien sowie der Nürnberger Oberbürgermeister werden bei jeder sich bietenden Gelegenheit mit dem Anliegen der Kampagne #BanuMussBleiben konfrontiert.

Am 25. August 2021, nach Monaten der insbesondere für Banu Büyükavci quälenden Ungewissheit, fällt endlich die Entscheidung. Das Amt für Migration und Integration der Stadt Nürnberg lässt das Verfahren gegen die ehrenamtliche Gewerkschaftsfunktionärin ruhen. Banu Büyükavci darf vorerst in Nürnberg bleiben.

Die Kampagne #BanuMussBleiben feiert ihren Erfolg. »33 Kundgebungen mit 3.656 Teilnehmer*innen und unzählige Gespräche mit Funktionsträgern und Entscheidern seit Dezember 2020 haben sich gelohnt«, freuen sich die Kampagnenorganisator*innen Ulli Schneeweiß und Charly Johnson. »Eine konkrete Straftat war Dr. Büyükavci nie vorgehalten worden«, sagt Schneeweiß, und: »Sollte es wider Erwarten doch zu einer Neuauflage des Ausweisungsverfahrens kommen, werden wir das Unterstützer*innen-Netzwerk sofort reaktivieren, dann stehen wir wieder bei den Entscheidern auf der Matte – und natürlich auf der Straße.«

Auch Banu Büyükavci ist mehr als erleichtert: »Nach unserer Verfolgung als Kommunist*innen in der Türkei hatte ich meine erste Heimat verloren. In Deutschland habe ich eine zweite Heimat und viele Freunde gefunden. Es wäre schrecklich gewesen, auch diese zu verlieren.«

Ende gut, alles gut? Wohl eher nicht. Der »Fall Banu Büyükavci« ist wichtig, um nachvollziehen zu können, wo unser Rechtssystem im Dienst der Bürger*innen steht, und wo es Gefahr läuft, missbraucht zu werden. Daher sollen in diesem Buch einige Hintergründe beleuchtet werden: Welche Erfahrungen und Erlebnisse haben Banu Büyükavci geprägt und zu dem Menschen gemacht, der sie heute ist? Warum wurde sie inhaftiert? Wie ist der Prozess gegen sie und die anderen Angeklagten verlaufen? Was hat die Isolationshaft mit ihr gemacht? Welches Netzwerk an Unterstützer*innen hat sich bei den Mahnwachen für Banu Büyükavci gebildet? Was war deren Motivation und wie lauten ihre Argumente? Und nicht zuletzt: Welche Ziele und Träume hat Banu Büyükavci für die Zukunft? Warum ist sie stolz auf die im Gefängnis verbrachte Zeit? Und wofür und wogegen tritt sie ein?

»Meine Zelle ist ein großer Garten«, schrieb die Ärztin und Kommunistin aus der Isolationshaft an ihre Freunde und Genossen. Die Lektüre von Büchern aus der Gefängnisbibliothek, insbesondere von türkischen Dichtern, verwandelte ihre Zelle zumindest zeitweise in einen Garten des Denkens, eine Festung der Poesie.

Marian Wild und Manfred Rothenberger

»Es kann mich niemand dazu zwingen, meine Augen vor Ungerechtigkeiten zu verschließen und zu schweigen«

Meine Zelle war ein großer Garten

Marian Wild im Gespräch mit Banu Büyükavci

Marian Wild: Liebe Banu, wo und wann bist du geboren und wie bist du aufgewachsen?

Banu Büyükavci: Ich bin Jahrgang 1971 und komme aus Edirne, einer Stadt mit 150.000 Einwohnern im bulgarisch-griechisch-türkischen Dreiländereck in Ostthrakien, etwa 220 Kilometer westlich von Istanbul. Edirne ist anders als die meisten türkischen Städte, es ist eine europäisch orientierte Stadt, die Familienstrukturen dort waren offener und lockerer als in anderen türkischen Städten. In meiner Kindheit war die Türkei noch nicht so wie heute, sie war damals ein besseres Land. Zumindest habe ich das als Kind so empfunden.

An was erinnerst du dich, wenn du an deine Kindheit denkst?

In den 1980er-Jahren gab es einen Militärputsch, da war ich neun Jahre alt. General Kenan Evren, der durch den Putsch an die Macht gekommen war, besuchte Edirne, deshalb mussten wir Schulkinder uns bei −10° C in unserer Schuluniform, also ohne Jacke, auf einem öffentlichen Platz versammeln. Wie haben stundenlang gewartet und gefroren wie die Schweine, dann kam Evren, er hat eine lange Rede gehalten, die wir nicht verstanden haben, und dann haben uns die Lehrer gezwungen, wie verrückt zu klatschen. Das war meine erste Begegnung mit dem Militär und der Polizei, ich habe sie immer gehasst.

Mein Vater war froh über den Militärputsch, er meinte, die Anarchie sei endlich vorbei, während mein Onkel, der Kommunist war, sofort untergetaucht ist. Ich kann mich noch daran erinnern, dass ich während des Militärputsches einmal bei meiner Tante war und wir Bücher in die Hand

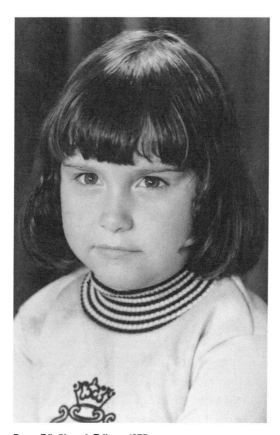

Banu Büyükavci, Edirne, 1975

gedrückt bekamen, unter anderem von Orhan Kemal und Nâzım Hikmet, die wir dann in den Garten gebracht und dort vergraben haben. Andere Bücher wurden in der Wohnung im Ofen verbrannt.

Am nächsten Morgen hat es geklingelt, es war der 12. September 1980, und meine Tante wurde verhaftet. Sie hatte den Quittungsblock einer Frauenorganisation der TKP (Türkische Kommunistische Partei), für die sie gearbeitet hat, zwar schnell in den Ofen gesteckt, um ihn dort zu verstecken, und meinen vierjährigen Cousin auf den Ofen gesetzt, damit keiner die Ofenklappe aufmacht, aber als mein Cousin angefangen hat zu weinen, hat sie ihn wieder heruntergeholt. Die Polizisten haben alles

Banu Büyükavci mit ihrer Lehrerin Ayten Aktürk, Edirne, 1977

durchsucht und einer hat den Quittungsblock gefunden, dann haben sie meine Tante in Handschellen gelegt und mitgenommen.

Das hat mich als Kind fürchterlich verängstigt, ich konnte es einfach nicht verstehen.

Wie sah deine Schulzeit aus?

In Edirne war ich in der Vorschule und habe dann 1976 in Kırklareli-Vize, wohin mein Vater damals berufen worden war, mit der Grundschule begonnen. 1980 sind wir wieder zurück nach Edirne gezogen und ich besuchte ab 1981 das dortige Anadolu Lisesi, eine bestimmte Form des Gymnasiums in der Türkei, in der als Unterrichtssprache Fremdsprachen vorgesehen sind. An meiner Schule wurde überwiegend auf Englisch unterrichtet – ich habe dort eine gute Ausbildung erhalten, auch wenn die Schule ideologisch kemalistisch geprägt war.

Meine Eltern besaßen eine schöne Bibliothek. Obwohl sie Angst hatten, dass das Lesen mich und meinen Bruder aufklären könnte, begann ich, Bücher von Schriftstellern und Dichtern aus aller Welt wie Fjodor Michailowitsch Dostojewski, Lew Tolstoi, Jack London, Ernest Hemingway, Jean-Paul Sartre, Émile Zola, Maxim Gorki und türkische Autoren wie Nâzım Hikmet, Sebahattin Ali, Kemal Tahir und Orhan Kemal zu lesen.

Obwohl diese Bücher bei mir zu Veränderungen führten, habe ich es bis zum Abschluss des Gymnasiums aufgrund des Einflusses der staatlichen sogenannten »Bildung« und auch meiner Familie nicht geschafft, mich vom kemalistischen Gedanken völlig loszulösen.

Woher kommen deine Eltern?

Mein Vater stammt ursprünglich aus Konya, einer Stadt südlich von Ankara in Zentralanatolien. In Edirne, wo er seinen Militärdienst ableistete, heiratete er später meine Mutter und lebte dort bis zu seinem Tod im Jahr 2014. Mein Vater und meine Mutter waren als Beamte in staatlichen Behörden der Bezirksverwaltung tätig.

Die Familie meiner Mutter väterlicherseits gehörte zu den Tataren, die in den 1940er-Jahren aus der Region der heutigen Krim in der Ukraine vertrieben wurden. Obwohl sie keine Türken waren, bezeichneten sie sich als solche, nur damit sie in der Türkei akzeptiert wurden.

Die Angehörigen meiner Mutter mütterlicherseits, sie waren Albaner, emigrierten nach der Gründung der Republik Türkei aus der Stadt Skopje im heutigen Mazedonien in die Türkei. Grund dafür waren die Repressionen, denen sie während des Balkankrieges und in der Zeit danach als muslimische Albaner ausgesetzt waren.

Die Eltern meiner Mutter waren also Migranten. Das habe ich aber erst viel später erfahren. Soll ich dir erzählen, warum?

Ja, bitte.

Die Migrantinnen und Migranten in die Türkei waren damals total auf die türkische Nation fixiert, weil sie große Angst davor hatten, in der

Banu Büyükavcis Eltern: Güner und Ömer Büyükavci, 1977

Türkei abgelehnt zu werden. Ich habe also – das ist wirklich komisch – erst im Alter von 49 Jahren erfahren, dass meine Eltern bzw. die Eltern meiner Mutter gar keine Türken sind. Meine Familie hat das lange vor allen verborgen, auch vor mir.

Mir selbst ist völlig egal, wo jemand herkommt, ich bin Internationalistin. Aber es hat mir im Nachhinein sehr weh getan, als ich verstanden habe, unter welchem Anpassungsdruck meine Großeltern und Eltern damals standen in der Türkei, und dass sie ihre eigentliche Herkunft geheim halten mussten.

Und das beschäftigt dich heute noch.

Ja, als ich und meine Genossen in München vor Gericht standen, hat man uns gefragt, ob wir Informationen zu unseren persönlichen Verhältnissen und unserer Biografie abgeben wollen. Wir haben dieses Angebot angenommen, weil wir erklären wollten, warum meine Genossen und ich – als eine türkische sunnitische Frau – Revolutionäre geworden sind. Es gibt gute Gründe dafür. In meinem Fall spielt die Familiengeschichte eine wichtige Rolle.

Bulgarischer Soldat neben einem im Ersten
Balkankrieg gefallenen Kameraden, 1912

Inwiefern?

Ich habe mich intensiv mit den beiden Kriegen der Staaten der Balkanhalbinsel in den Jahren 1912 und 1913 beschäftigt, in deren Folge das Osmanische Reich in die heutigen Grenzen der Türkei gedrängt wurde und große Gebiete an die Nachbarländer abtreten musste.

Im Ersten Balkankrieg ging es um Mazedonien, das gleichermaßen von Griechenland, Serbien und Bulgarien beansprucht wurde – ein Konflikt, der im Grunde bis heute nicht gelöst ist. Die zwei Balkankriege wurden mit äußerster Brutalität geführt, es gab zahllose Gräueltaten der kriegführenden Parteien gegen die Zivilbevölkerung, grausame Morde an Frauen, Kindern und Säuglingen. Heute bezeichnet man so etwas als »ethnische Säuberung«.

In der Folge dieser Balkankriege kam es zu Vertreibung, Flucht, Deportation und der Umsiedlung von etwa 450.000 Menschen. Die Überhöhung des Nationalgedankens war schon damals die Wurzel allen Übels.

Wie spielt deine Familiengeschichte da hinein?

Wie gesagt, meine Großeltern waren Albaner, sie sind aus Albanien in die Türkei geflohen, haben aber stets behauptet, sie seien albanische Türken. Ich habe das immer geglaubt, doch später hat mir meine Oma erzählt, warum sie einst von Albanien nach Izmir, einer Stadt in der Westtürkei, gekommen sind. Nach der Gründung der türkischen Republik im Jahr 1923 haben.Mustafa Kemal und die Kemalisten nämlich gesagt, die Flüchtlinge seien willkommen. Also haben sie sich auf den Weg gemacht. Aber die Sinti und Roma und alle Nicht-Türken sollten nach Osten weiterziehen. Nur die Türken durften bleiben.

Mein Großvater war damals Theologieprofessor und hatte in Mazedonien gutes Geld verdient. Es war meinen Großeltern also möglich, Schmiergeld zu zahlen, um in Izmir eine Aufenthaltsgenehmigung zu bekommen und dort einen Bauernhof zu kaufen – alles schien gut.

Aber einige Monate später kamen bewaffnete Gendarmen, holten meine Großeltern aus ihrem Haus, ließen sie kilometerlang marschieren, setzten sie in einen Zug nach Albanien und schoben sie ab. Man hatte ihnen nicht erlaubt, irgendetwas mitzunehmen. Ihr Bauernhof, ihre Ackerflächen, ihr gesamtes Geld und Vermögen war auf diese Weise geraubt worden, von heute auf morgen, einfach so.

Damals habe ich darüber nicht weiter nachgedacht, aber heute verstehe ich den Zusammenhang: Sie waren keine Türken, sie hatten dem türkischen Staat zwar Geld gegeben, um ins Land zu dürfen, aber dann hat sie Atatürks Staat wieder vertrieben und sie mussten zurück nach Albanien. Das muss schrecklich gewesen sein – sie sind barfuß Hunderte von Kilometern gelaufen. Viele Menschen, auch die Schwester meiner Oma, sind damals auf dem Weg nach Albanien gestorben. Der Rest meiner Familie kam durch und lebte daraufhin zwei Jahre lang in einem Lager in Albanien.

Banu Büyükavci (obere Reihe, 2. von links) bei der Beschneidungsfeier ihres Bruders, Edirne, 1976

Dann gab es ein neues türkisches Gesetz – und plötzlich hieß es: Ihr dürft wieder zurückkommen. Deshalb sind meine Großeltern ein zweites Mal in die Türkei emigriert. Aber dieses Mal hat das Geld nur für Edirne, eine Grenzstadt, gereicht. *(lacht)* Und dort sind meine Großeltern dann geblieben.

Und wurden zu Türken …

Meine Eltern, meine Oma und die anderen Verwandten haben immer gesagt: »Wir sind Türken.« Doch meine Oma sprach albanisch und ihr Name war »Sadberg« – das ist kein türkischer Name. Sie waren alle keine Türken, mussten das als muslimische Flüchtlinge, die in Edirne leben wollten, aber behaupten. Das macht mich sehr traurig.

1991, kurz vor ihrem Tod, hat mir meine Großmutter erzählt, welche Gräueltaten sie auf der Flucht aus der Türkei erlebt hatte. Das traf damals auf Tausende von Familien zu. Und als sie dann wieder in die Türkei kamen, wurden sie aus Angst vor einer erneuten Abschiebung zu nationalistischen, kemalistischen Türken, trotz der Gewalt und der Ungerechtigkeit, die sie von den Kemalisten erfahren hatten. Die Assimilationspolitik der Türkei trug schon damals faschistische Züge.

Viele, die heute von Deutschland aus auf die Türkei schauen, glauben, dass durch Mustafa Kemal Atatürk der moderne türkische Staat begründet wurde. Du scheinst aber einen anderen Blick auf Atatürk zu haben.

Mit Mustafa Kemal ist es ziemlich kompliziert. Da muss man erst mal ein Stück zurückgehen in der Geschichte. Die Türkei war schon immer globalstrategisch sehr wichtig, über sie kommt man in den Nahen Osten, nach Zentralasien, zum indischen Subkontinent und nach Afrika. Deshalb waren die Türkei bzw. das Osmanische Reich für imperialistische Länder stets von großem Interesse.

Dazu zählte auch das Deutsche Kaiserreich. Lange vor Adolf Hitler entwickelte bereits Kaiser Wilhelm II. entsprechende Großmachtphantasien – dessen Orientpolitik war im Grunde eine imperialistische Kolonialpolitik, es gab sogar Pläne für einen Großwirtschaftsraum von der Nordsee bis zum Persischen Golf. Dadurch wollte das Deutsche Kaiserreich seinen internationalen Einfluss ausbauen und so zu den anderen Großmächten aufschließen.

So kam es am 2. August 1914 zu einem Bündnisvertrag zwischen dem Deutschen Kaiserreich und dem Osmanischen Reich – und damit auch zur »Waffenbrüderschaft« und der späteren Niederlage dieser beiden Länder im Ersten Weltkrieg.

An der Seite des Deutschen Reichs hat das Osmanische Reich zwar den Ersten Weltkrieg verloren, doch Mustafa Kemal hat in diesem Krieg als Divisionskommandant die Dardanellen gegen die britische Seestreitkraft verteidigt, war zum General aufgestiegen und galt trotz der Niederlage als Held. Deshalb rief Mehmed VI. – der letzte Sultan des Osmanischen Reichs – Mustafa Kemal 1919 zu Hilfe, um Unruhen in Anatolien niederzuschlagen und dort die von den Siegermächten des Ersten Weltkriegs, unter ihnen Großbritannien und Frankreich, diktierten Waffenstillstandsbestimmungen durchzusetzen.

Aber das Gegenteil geschah – Mustafa Kemal einte die Reste der geschlagenen Armee des Osmanischen Reichs, rief auf zum Widerstand gegen Mehmed VI., der sich den Siegermächten unterworfen hatte, organisierte den Befreiungskampf und bildete am 11. September 1919 eine

**Kaiser Wilhelm II. in türkischer Uniform und mit Fez,
Konstantinopel, 1917**

Gegenregierung zu Mehmed VI. Wenige Jahre später waren das Osmanische Reich und das Sultanat Geschichte – 1923 wurde die Republik Türkei gegründet und Mustafa Kemal zu ihrem Präsidenten gewählt.

Für die islamische Welt war das ein echter Schock. Am 3. März 1924 erklärte die Nationalversammlung der Türkischen Republik die Abschaffung des Kalifats. Dies bedeutete, dass die Clique unter der Führung von Mustafa Kemal im Kampf zwischen der von Aufklärung geprägten türkischen Nationsbildung und dem Ummahismus – der religiös fundierten Gemeinschaft der Muslime – die Oberhand gewonnen hatte. Die Kemalisten glaubten, dass der Weg zum Aufbau eines politischen Regimes, das mit dem westlichen imperialistischen System vereinbar war, die Abschaffung des Sultanats bzw. Kalifats voraussetzte.

Mustafa Kemal hat die Türkei also aus ihrer orientalischen Vergangenheit gelöst und zu einem Nationalstaat westlicher Prägung gemacht. Die Religion, der Koran und der Islam wurden abgelöst von einem identitätsstiftenden Nationalismus ...

... der aber leider keinen Platz vorsah zum Beispiel für damals an der Schwarzmeerküste lebende Minderheiten wie die Griechen und die Kurden. Obwohl die Türken und Kurden damals eine Zeitlang erfolgreich gemeinsam gekämpft hatten gegen die westlichen Besatzungsmächte in einem anti-okkupationistischen Befreiungskampf.

Irgendwann haben die Engländer und Franzosen dann gemerkt, dass es besser ist, sich mit den Kemalisten bzw. Mustafa Kemal zusammenzutun. Und die türkische Republik zu einer Pufferzone zu machen – gegen die Gefahr eines sozialistischen Russlands von der einen, und islamistischer Araber von der anderen Seite. So diente der »nationale Befreiungskampf« gegen die »Imperialisten« schließlich doch wieder deren Interessen.

Macht und Politik spielen manchmal schon ein seltsames Spiel miteinander.

Leider oft ein schreckliches. Erst durch die Unterstützung anderer Länder bzw. dank deren Duldung konnten die Kemalisten die Macht übernehmen. Auch in deren Interesse hat Mustafa Kemal die türkische Republik gegründet und daher ihre Unterstützung bekommen.

Man hat die Verhandlungen mit den »imperialistischen Ländern« damals im Namen der türkischen *und* der kurdischen Einwohner geführt, aber sich bald nicht mehr daran erinnert. Plötzlich wurde eine neue Ideologie verbreitet: »Es gibt keine Kurden in diesem Land. Die Kurden sind Türken. Sie sind ein Teil der türkischen Familie, auch wenn sie eine andere Sprache sprechen.« Die Grundrechte der Kurden wurden ignoriert, es begann eine Politik der Ausrottung, Verleugnung und Assimilierung, die Namen der kurdischen Städte und Straßen wurden geändert.

Wie ging es dann weiter?

Mustafa Kemal strebte einen ethnisch homogenen Nationalstaat an. Eine Nation, ein Land, eine Sprache, eine Flagge – so lautete die Parole. Eine Sprachkommission »befreite« die zu zwei Dritteln aus persischen

Ankunft von Mustafa Kemal in Dunlu-Punar zur Nationalfeier für den
»unbekannten türkischen Soldaten«; links: Ehefrau Latife Uşşaki, 25. 6. 1924

und arabischen Wörtern bestehende osmanische Sprache von diesen
»Fremdkörpern«. Und eine Geschichtskommission zeichnete ein neues
Bild der türkischen Geschichte, in der das Osmanische Reich zur Rand-
notiz wurde.

Das alles führte natürlich zu Problemen mit anderen Nationen und
ethnischen Minderheiten. Separatistische Bestrebungen wie die der Kurden wurden gewaltsam unterdrückt – die Kurden und andere ethnische
Minderheiten wurden zwangsassimiliert. Mustafa Kemal war nichts anderes als ein tyrannischer Diktator. Die Kurden wurden zu »Bergtürken«
erklärt, und wer sich dem diktatorischen Führer des türkischen National-
staates widersetzte, hatte stets mit dem Schlimmsten zu rechnen.

Positiv waren die von Kemal eingeleiteten Schritte zur Frauenemanzi-
pation, das eheliche Scheidungsrecht wurde reformiert, die rechtliche

Gleichstellung von Mann und Frau verbesserte sich, Frauen wurde der Zugang zu höheren Schulen und Universitäten ermöglicht – zumindest laut Gesetz. In der täglichen Realität wurden die Frauen jedoch weiter unterdrückt aufgrund fest verankerter feudaler Gesellschaftsstrukturen.

Mustafa Kemal wird in der Türkei bis heute verehrt, weil man denkt, dass er im nationalen Befreiungskrieg die Griechen vertrieben und sein Land vor der territorialen Aufteilung durch die alliierten Siegermächte bewahrt hat, weil er sich westlicher Lebensart geöffnet habe und aufklärerischem politischen Denken offen gegenüberstand.

Aber das stimmt nicht. Er schuf ein Land, das von seinem autoritär-diktatorischen Führungsstil geprägt wurde, und er gewöhnte die türkische Gesellschaft daran, dass Gewalt bei der Ausschaltung politischer Gegner ebenso legitim ist wie bei der Unterdrückung bzw. Assimilation ethnischer Minderheiten.

Die radikalen Islamisten wiederum lehnen Kemal ab, weil er es gewagt hat, Religion und Staat zu trennen und die Religion der weltlichen Macht unterzuordnen.

Mustafa Kemal hat einiges von dem, was in der Türkei heute als »fortschrittlich« gilt, umgesetzt, darunter die Anpassung an das imperialistische System, um die soziale Revolution zu untergraben. Er vollzog eine »bürgerliche Revolution«, indem er die feudale Gesellschaftsstruktur bewahrte und eine vom Imperialismus abhängige Struktur aufbaute. Dies aber war weder eine Revolution noch ein Fortschritt, sondern die Initialzündung für den Aufbau einer faschistischen Staatsform. Kemal hat Gewalt eingesetzt, um politische Konkurrenten aus dem Weg zu räumen und an der Macht zu bleiben, er hat andere Nationen und ethnische Minderheiten brutal unterdrückt und ihnen ihre Rechte verwehrt. Das hat einen Berg von Problemen geschaffen, die mein Heimatland bis heute nicht zur Ruhe kommen lassen.

Da gäbe es viel aufzuarbeiten und neu zu bewerten, doch einen offenen, kritischen und ehrlichen Diskurs über das Leben und Wirken von Mustafa Kemal gibt es in der Türkei leider bis heute nicht.

Heute regiert Recep Tayyip Erdoğan die Türkei, wie würdest du ihn charakterisieren? Ist Erdoğan ein Nationalist?

Ja, auch Erdoğan ist ein Nationalist, mit immer stärker hervortretenden diktatorischen Zügen. Mustafa Kemal und Recep Tayyip Erdoğan sind in ihrer politischen Ausrichtung zwar völlig unterschiedlich, haben aber doch vieles gemeinsam. Beide verfolgen ihre Ziele mit autoritären Mitteln und haben keine Skrupel, ihre Kritiker zu verfolgen und auszuschalten. Und beide zeichnen sie ein Bild von der Geschichte der Türkei, das weder etwas mit Wahrheit zu tun hat noch mit der Realität. Dennoch gibt es zwischen ihnen gravierende Unterschiede. Und dieser Unterschied beruht auf den traditionellen Unterschieden zwischen den herrschenden Cliquen, die den türkischen Staat seit dem Osmanischen Reich 150 Jahre lang regiert haben und zum einen Teil eher säkular und zum anderen Teil eher religiös orientiert sind. Aber sowohl im Osmanischen Reich als auch in der Republik Türkei agiert die jeweils herrschende Clique, ohne das Wesen des Systems anzutasten – manchmal mehr den Islam und manchmal mehr das Türkentum propagierend. Sie akzeptieren jedoch beide Ausrichtungen als Gründungsphilosophie der Türkei und sind dieser Gründungsphilosophie gegenüber völlig loyal. Die herrschenden Cliquen würden niemals Schritte unternehmen, die das gesellschaftliche Leben oder das politische System radikal verändern. Bei den das Bildungssystem betreffenden Fragen, bei der Medienordnung und bei Auftritten im Parlament betonen sie zwar ihr jeweiliges ideologisches Konzept, das ist aber auch schon alles. Ansonsten stützen sie ein faschistisches System und verleihen ihm Kontinuität.

Erdoğan, der nicht einmal das parlamentarische System – das in der Türkei sowieso nur eine Maske ist – tolerieren kann, hat stattdessen ein Präsidialsystem mit größter Machtkonzentration beim Präsidenten eingeführt. Dies wurde sogar allgemein befürwortet, weil es ein einfaches und effizientes Regieren zu ermöglichen schien. Ergebnis jedoch ist, dass die Justiz in der Türkei nur noch den Interessen Erdoğans dient, und kritische Medien, eigentlich alle Oppositionelle, systematisch kriminalisiert, verfolgt und möglichst ausgeschaltet werden.

Die Situation hat sich also maßgeblich verschlechtert.

Es heißt heute oft: »Erst mit Erdoğan ist alles schlecht geworden.« Aber das stimmt so auch nicht. Man braucht sich nur die Geschichte der

Recep Tayyip Erdoğan beim 6. ordentlichen Provinzkongress der AKP in Sakarya, Türkei, 11.3.2018

türkischen Republik anzuschauen, die immer auch eine Geschichte der Verfolgung von anderen Nationen, Religionen, Kommunisten etc. ist.

Zum Beispiel 1937/1938 das Massaker, das auf den sogenannten »Dersim-Aufstand«, den letzten großen Kurdenaufstand in der Türkei, folgte. Die Regierung schlug diese Revolte mit brutaler Gewalt nieder. Zahlreiche Bewohner wurden aus ihren Dörfern vertrieben und getötet, es heißt, die Flüsse waren voller Blut.

Als ich 1988 mein Studium an der medizinischen Fakultät in Edirne aufgenommen habe, lernte ich viele Studenten aus verschiedenen Regionen der Türkei kennen, natürlich auch kurdische und alevitische Studierende. In dem Umfeld, in dem ich aufgewachsen war, hat man die Kurden häufig als »doğulu« (deutsch: aus dem Osten stammend) oder »kıro« (deutsch: Provinzler) bezeichnet, um sie zu erniedrigen. Dass die Kurden eine Nation mit einer eigenen Sprache sind, dass ihre Sprache verboten und ihre Existenz negiert wurde, habe ich erst von meinen Kommilitoninnen und Kommilitonen erfahren. Manche stammten sogar aus Familien, die das Massaker in Dersim miterlebt hatten.

Auch wenn ich das damals kaum glauben konnte: Ein Freund erzählte mir, dass er in der Grundschule immer wieder von seinem Lehrer geschlagen wurde, nur weil er kurdisch sprach – und wie der Lehrer die Klasse jeden Tag unter Androhung von Schlägen rufen ließ:»Glücklich derjenige, der sich als Türke bezeichnen darf.«

Und eine Freundin, Suna, kam einmal zu mir:»Banu, ich muss dir etwas erzählen.« –»Okay.« –»Aber erzähle es niemandem weiter.« –»Okay.« –»Bitte schwöre.« –»Ich schwöre, auf den Koran.« Obwohl ich gar nicht gläubig war. *(lacht)* – Darauf Suna:»Ich muss dir jetzt wirklich etwas sagen.« – Ich dachte bei mir:»Oh Gott, ist sie etwa eine Mörderin?« – Sie schaute mich ängstlich an:»Weißt du was? Ich bin Alevitin.« –»Ja und?« Ich kannte viele Aleviten, für mich war das nicht wichtig. –»Bitte sprich mit niemandem darüber.« –»Was ist denn daran so schlimm, Suna?«, meinte ich. Denn ich wusste damals nicht viel über Aleviten und ihre Unterdrückung. – Da erzählte mir Suna, sie habe in Istanbul in Fatih gelebt, einem sehr religiösen Stadtteil mit vielen Islamisten. Leider habe sie dort gewohnt, denn Aleviten machen keinen Ramadan, sie fasten nicht, und das sei damals für sie und ihre Familien schrecklich gewesen. Wenn Ramadan war, habe ihre Mama immer den Wecker gestellt, um drei Uhr in der Nacht, damit sie aufsteht und das Licht anmacht, so dass alle denken, sie würden jetzt essen. Sonst hätten die Nachbarn Steine auf sie geworfen. Das hat sie 1988 erlebt, nicht im Mittelalter!

So ist das in der Türkei: Kurden sind Terroristen und Aleviten Aussätzige. Damit sind wir aufgewachsen. Und das ist schrecklich.

Am 2. Juli 1993 kam es in der zentralanatolischen Stadt Sivas zu einem Brandanschlag gegen Teilnehmende eines alevitischen Festivals, bei dem zahlreiche Menschen ums Leben kamen.

Ja, wir wurden Zeugen des Massakers in Sivas, bei dem 37 Intellektuelle und Künstler, die mehrheitlich Aleviten waren, von staatlich unterstützten Reaktionären bei lebendigem Leibe verbrannt wurden.

In Sivas sollte im Sommer 1993 ein alevitisches Kulturfestival zu Ehren des türkischen Dichters Pir Sultan Abdal stattfinden. Abdal war ein Volksdichter und Freiheitsheld alevitischen Glaubens aus dem 16. Jahrhundert, der Aufstände für Gerechtigkeit und Glaubensfreiheit gegen die osmanische Herrschaft angeführt hatte und deswegen hingerichtet worden war. Von ihm stammen unter anderem die Zeilen:»Wie ein Vogel in den Pranken des Falken / Wie ein Albtraum in der Morgendämmerung / Schreiend nahm mich das Leid ein.« Damals erklärte der türkische Schriftsteller und bekennende Sozialist Aziz Nesin, er halte einen Teil der türkischen Bevölkerung für »feige und dumm«, weil sie nicht den Mut hätten, für die Demokratie einzutreten. Außerdem hatte Nesin gerade Salman Rushdies *Satanische Verse* in der Türkei herausgebracht, wodurch sich vor allem konservative sunnitische Kreise provoziert fühlten.

So versammelte sich am 2. Juli 1993 ein 15.000 Menschen starker Mob nach dem Freitagsgebet vor dem Madımak-Hotel, in dem Aziz Nesin und zahlreiche alevitische Schriftsteller, Dichter, Musiker und Verleger untergebracht waren. Mitten aus der wütend protestierenden Menschenmenge heraus wurden schließlich Brandsätze gegen das aus Holz gebaute Hotel geworfen, das schnell Feuer fing. Wegen des Mobs draußen vor dem Hotel konnten die alevitischen Künstler, deren einzige Waffen ihre Stifte, Notenhefte, Bücher und Gedichte waren, nicht ins Freie fliehen, bis sie schließlich ganz vom Feuer eingeschlossen waren. Obwohl die staatlichen Kräfte bereits vorher Kenntnis davon hatten, dass gewalttätige Proteste geplant waren, ergriffen sie keine Gegenmaßnahmen und hinderten die Feuerwehr sogar daran, zum Hotel zu gelangen, um das Feuer zu löschen. Zeugenaussagen und Videoaufnahmen belegen, wie vereinzelt Polizisten der Menge halfen und eine anrückende Militäreinheit sich wieder zurückzog. Gelassen sah man zu, wie die Menschen bei diesem Progrom lebendig verbrannten. Der ganze Brandanschlag wurde darüber hinaus live im TV übertragen.

Ein Foto jenes Tages zeigt in der rechten unteren Ecke den Hinterkopf eines kleinen Mannes, der gerade über eine Feuerleiter aus dem Hotel entkommen ist. Gegen ihn wendet sich von links ein wütender Mann mit Bart und Brille. Der kleine Mann ist Aziz Nesin, dem der Brandanschlag in erster Linie gegolten hat und der in diesem Moment nur knapp dem Tod entronnen ist. Der nur mühsam zurückzuhaltende Mann mit Bart und Brille ist Cafer Erçakmak, zu jener Zeit Stadtrat für die islamisti-

Cafer Erçakmak beim Angriff auf den gerade aus dem brennenden Hotel geretteten Aziz Nesin (rechts unten), Sivas, Türkei, 2.7.1993

sche Refah-Partei. Er will Aziz Nesin zurück auf die Leiter treiben und ruft der Menge zu:»Sie sollen alle verbrennen, die Ungläubigen.«

37 Menschen sterben an diesem Tag in dem Feuer von Sivas, das entfacht wurde von Aufpeitschern wie jenem Stadtrat. Obwohl die Rädelsführer oder besser Mörder schnell identifiziert werden konnten, wurden sie entweder überhaupt nicht festgenommen, bald wieder auf freien Fuß gesetzt oder mit lächerlich geringen Strafen entlassen.

Bis zum Sivas-Massaker glaubte ich noch, dass der Kemalismus für Fortschritt und Gleichheit steht, und hatte Vertrauen in den Staat und seine Institutionen. Aber ob man will oder nicht, früher oder später springt einem die Wahrheit mitten ins Gesicht. Ich erkannte einen Staat, dessen Geschichte aus der Verfolgung von anderen Nationen, Religionen, Minderheiten bestand und in dem seit seiner Gründung alle, die anders waren, verleugnet, assimiliert, unterdrückt und gepeinigt wurden.

Wie geht man in der Türkei um mit dem Sivas-Massaker?

Bis heute hat sich in der Türkei niemand bei den Aleviten entschuldigt für dieses schreckliche Verbrechen. Umsonst baten die Aleviten darum, das Madımak-Hotel in ein Museum bzw. eine Gedenkstätte zu verwandeln. Stattdessen wurde im Madımak-Hotel ein Kebap-Restaurant aufgemacht.

Und dann hat auch noch Recep Tayyip Erdoğan auf bezeichnende Weise sein Desinteresse an der leidvollen Geschichte der Aleviten demonstriert, indem er die im Jahr 2016 eröffnete dritte Brücke über den Bosporus, die Yavuz-Sultan-Selim-Brücke, nach Sultan Selim benannte. Sultan Selim I., auch »der Grausame« genannt, ist unter anderem dafür berühmt, dass er vor gut 500 Jahren 40.000 Aleviten hat umbringen lassen, als diese sich gegen ihn auflehnen wollten.

Warum kommen Politiker wie Erdoğan immer wieder an die Macht?

Am Ende geht es gar nicht darum, ob Erdoğan jetzt ein machtbesessener Tyrann ist mit einem schlechten Charakter. Das ist das Gleiche wie bei Adolf Hitler. Auch Hitler war nicht allein verantwortlich für die Grausamkeiten des Dritten Reichs, für Krieg und Konzentrationslager, für die Verfolgung der Juden und unzählige Ermordete. Hitler war kein Psychopath, eine solche Erklärung würde die Realität verzerren. Nein, in Hitler personifizierten sich die damals in Deutschland herrschenden Klassen, Strukturen und Denkmuster.

Auch die Türkei leidet seit Generationen unter faschistischen Denkmustern und Strukturen, unter blindem Gehorsam gegenüber den Herrschenden und dem kontinuierlichen Ausgrenzen und Unterdrücken von Nationen, Religionen, Minderheiten und Andersdenkenden. Da ist es fast schon egal, welche Partei regiert, oder welcher autoritäre Herrscher gerade an der Macht ist.

Du selbst bezeichnest dich als einen internationalen Menschen, als Sozialistin, eben aus diesen Erfahrungen heraus. Wie hat sich diese Einstellung herausgebildet?

Mein Onkel war Kommunist. Er war ein sehr freundlicher Mensch und hat sich immer mit uns unterhalten, als wir Kinder waren. Und zwar so, dass wir es verstehen konnten. Über Gerechtigkeit hat er mit uns gesprochen und über Kinder – »Kinder sollen nicht sterben«, hat er immer gesagt. Also habe ich für mich entschieden: »Kommunismus ist zwar verboten, aber er ist etwas Gutes.« Und dabei ist es dann geblieben. Auch wenn das kindlich und naiv anmuten mag.

Es gab sicher noch weitere Einflüsse.

Ich glaube 1981, ein oder zwei Jahre nach dem Militärputsch, wurden viele Akademiker suspendiert, bekamen aber zwei, drei Jahre später die Möglichkeit, am Gymnasium als Lehrer zu arbeiten. Unsere Lehrer am Gymnasium waren zum Teil also Revolutionäre, Demokraten und andere Oppositionelle. Natürlich durfte nicht über Politik gesprochen werden im Gymnasium, um Gottes willen. Aber wir haben durch diese Lehrer eine andere Denkweise gelernt, wir haben gelernt, zu forschen und zu fragen, warum und wieso.

Unser damaliger Geschichtslehrer zum Beispiel hat uns gelehrt, Geschichte ist nicht »Dieser Krieg hat dann und dann begonnen und endete dann und dann«, sondern »Warum hat dieser Krieg begonnen? Warum gab es diesen Krieg? Und welche Folgen hatte er?«. Dieses Verständnis von Geschichte hat uns sehr geprägt.

Einmal, das kann ich nicht vergessen, wanderte ich mit einer Freundin und diesem Lehrer durch einen Park und wir sprachen über die Selimiye-Moschee in Edirne, einen Höhepunkt der osmanischen Architektur, die schönste Moschee des osmanischen Reichs. »Wer hat diese Moschee gebaut?«, fragte uns der Lehrer, und wir haben sofort gesagt: »Der Architekt Sinan.« – »Okay«, erwiderte unser Lehrer, »hat er sie alleine gebaut?« – »Ja«, meinten wir *(lacht)* – Da fragte er uns, ob wir nicht wissen, wie viele Menschen gestorben sind beim Bau dieser Moschee, und wie viel Blut und wie viel Arbeitsschweiß in diesem Bauwerk stecken.

Auf diese Weise hat er uns den dialektischen Materialismus beigebracht, ohne den Begriff auch nur ein einziges Mal in den Mund zu nehmen. Und als ich dann später die Schriften von Marx und Lenin gelesen habe, dachte ich mir, »das kennst du irgendwie doch schon«.

Der dialektische Materialismus ist ein zentraler Bestandteil des Marxismus.

Um die Welt besser verstehen zu können, habe ich damit begonnen, mich über historische und philosophische Themen zu informieren und sie zu erforschen. Ich lernte den Marxismus, den Leninismus und den

Selimiye Moschee, erbaut von 1569 bis 1575, Edirne, Türkei

Maoismus kennen. Ich habe die Werke von Schriftstellern, Dichtern, Wissenschaftlern, Intellektuellen, Sozialisten, Revolutionären und Demokraten – die weibliche Form immer mitgedacht – gelesen, die in der Türkei von vielen unterschiedlichen Schichten anerkannt und respektiert wurden, und damit begonnen, aus ihren Erfahrungen Lehren zu ziehen.

Was auffällig ist, dass all diese Menschen, obwohl sie großen gesellschaftlichen Respekt genossen und allgemeinen Respekt erfuhren, oft viele Jahre im Gefängnis oder im Exil verbracht haben. Diese Menschen strebten nach einer gleichberechtigten, friedlichen, ausbeutungsfreien und klassenlosen Welt, aber da der Staat sie als Bedrohung für sein Ausbeutungs- und Unterdrückungssystem ansah, kriminalisierte er sie als »Terroristen« und steckte sie ins Gefängnis. Das ist etwas, was wir in der Türkei ja heute noch beobachten können, also habe ich für mich gesagt, revolutionär oder links zu sein, ist besser.

Ich habe die Werke İbrahim Kaypakkayas gelesen und das war eine Wende für mich. Er analysiert präzise und überzeugend den Charakter

İbrahim Kaypakkaya (1949–1973), Gründer der TKP/ML

des politischen Regimes der herrschenden Klasse in der Türkei und war
der erste Revolutionär, der den Kemalismus als Faschismus bezeichnete.
In Bezug auf die kurdische nationale Frage folgte er leninistischen The-
sen und zog damit eine scharfe Trennlinie gegenüber sich als marxistisch-
leninistisch bezeichnenden, aber eigentlich sozialchauvinistischen An-
sätzen. Kaypakkayas kommunistische und revolutionäre Haltung führte
dazu, dass er, als er der herrschenden türkischen Klasse in die Hände fiel,
gefoltert und massakriert wurde. Nach dem Studium von Kaypakkayas
Schriften habe ich viele die Türkei betreffenden Fragen für mich beant-
worten können und klarer gesehen.

Du bist Ärztin geworden aus innerer Überzeugung. Wie sah deine Ausbildung aus und wie verlief dein Berufsweg?
Schon als Kind wollte ich immer Ärztin werden. Das war mein Traum. Als ich angefangen habe, in Edirne Medizin zu studieren, betrat ich eine neue Welt. Ethik ist in der Türkei sehr wichtig im Medizinstudium, in den ersten Jahren vielleicht noch wichtiger als Anatomie – der Albtraum aller Medizinstudenten. *(lacht)* Und zum Glück hatte ich einen wunderbaren Ethikprofessor, der war damals zwar schon relativ alt, aber seine Vorlesungen waren toll. Er hat uns ausgebildet zu richtigen Menschen, zu menschlichen Ärzten. Er meinte:»Medizin ist kein Job, kein Beruf – Medizin ist ein Lebensstil. Man darf weder um sechs Uhr abends noch um zwölf Uhr tief in der Nacht sagen: ›Jetzt hab' ich Feierabend.‹ Ärztinnen und Ärzte haben keinen Feierabend, sie müssen immer da sein.« Das hat er uns bereits in der allerersten Vorlesung erzählt. Und dann gemeint:»Wenn Sie diesen Beruf ausüben wollen, bleiben Sie da. Wenn nicht, dann bitte raus.« *(lacht)*

Und er hat immer gesagt, ein Arzt sollte auch über die gesellschaftlichen Zustände und die Ökonomie seines Landes Bescheid wissen. Ein Arzt muss wissen, wieviel ein Brot kostet. Und ein Arzt muss Teil der Gesellschaft sein, unabhängig vom Fachgebiet. Das hat mich geprägt. Ich darf nie sagen:»Ich habe Feierabend.« Ich darf ... jetzt klingelt mein Handy. Damals hatten wir kein Handy. Damals waren wir einfach auf der Straße ...»Hey Doktor, können Sie mich untersuchen?« Ich erinnere mich, dass ich auf der Straße einfach so Untersuchungen gemacht habe ... *(lacht)*. Und dafür bin ich dankbar. Viele sagen: Das ist zu viel. Ich sage: Nein, ein Arzt hat keinen Job, das ist kein Beruf, das ist ein Lebensstil. Und zum Glück hatte ich die Ehre, das von meinem Ethikprofessor lernen zu dürfen.

Das ist im Kulturbereich nicht viel anders. Kulturschaffende hören auch nicht um acht Uhr abends auf, zu arbeiten. Man macht das ganz – oder man macht es nicht.

Wenn du an dein Studium zurückdenkst, an die Ethik-Vorlesungen, habt ihr da auch philosophische Texte gelesen?

Banu Büyükavci (links) als Medizinstudentin mit Kommilitoninnen, Edirne, 1993

Natürlich haben wir das. Diese Vorlesungen waren richtig intensiv. Wir haben die alten Philosophen gelesen, Hippokrates natürlich, und auch das hat zu meiner politischen Bewusstseinsbildung beigetragen.

Wenn mein Ethikprofessor etwa von ärztlichen Vorbildfiguren erzählt hat, war ich immer begeistert – so wollte ich auch werden. Che Guevara zum Beispiel: ein Kollege, ein Arzt. Auch er hat mich geprägt. Damals war ich noch jung, man kann ja vieles machen, um etwas zu verändern: Arzt sein, Politiker sein oder Revolutionär. Aber zum Glück habe ich den Arztberuf gewählt; man kann mehr helfen, und man kann richtig unter Menschen sein. Und man kennt die Welt besser. Jeder Patient ist ein Roman, eine Geschichte. Und das gibt mir so viel. Ich bin glücklich, dass ich als Ärztin arbeite. Ich kann mir nicht vorstellen, in einem Büro zu sitzen.

Damals habe ich neben meiner medizinischen Doktorarbeit noch eine andere wissenschaftliche Arbeit geschrieben, in Biochemie. Ich hatte gute Chancen auf diesem Gebiet, weil von den Medizinern nur wenige diesen Weg einschlagen wollten. Der Rektor der Universität und einige andere Personen haben mich sehr dabei unterstützt – ich könnte an der Universität bleiben und eine akademische Karriere machen, Forschung betreiben, und so weiter. Also habe ich intensiv gearbeitet und war fast fertig mit dem doppelten Doktor ... Aber dann habe ich mir gesagt: Biochemie, nur im Labor sein, nein, das ist doch langweilig. Also habe ich aufgehört mit der Biochemie, leider *(lacht)* ... sonst, wer weiß ...

Entsprach das Studium denn deinen Vorstellungen? Hat es dich verändert?

Als junger Mensch konnte ich mir die Missstände, die Ungerechtigkeiten und die Ungleichheit in meiner Umgebung, in meinem Land und auf der Welt nicht erklären. Was eine Lösung für diese Probleme anging, hatte ich zunächst keine Idee. Mit meinem Medizinstudium glaubte ich, einen Ansatzpunkt gefunden zu haben. Wenn jeder Einzelne gut wäre und anderen Menschen helfen würde, könnten auf diese Weise die Abscheulichkeiten und die Kriege aufhören – so dachte ich damals. Aber meine naiven und kindlichen Träume waren noch vor dem Ende meines Medizinstudiums zerstört, denn es bestand natürlich keine Chance, diese ungleiche und ungerechte Welt als idealistische Ärztin im Alleingang zu verändern.

Spätestens 1993 verlor ich meinen Glauben, dass die Hochschulen in der Türkei freie, wissenschaftliche Lehr- und Lernanstalten sind.

Was war 1993?

An jeder Universität in der Türkei fanden damals am 6. November Protestveranstaltungen gegen den YÖK (Yükseköğretim Kurulu) statt – das zentrale staatliche Kontrollgremium türkischer Hochschulen. 1993 wollte ich auch an einer dieser Protestveranstaltungen teilnehmen. Diese Demonstration wurde jedoch von reaktionären Faschisten mit polizeilicher Unterstützung angegriffen. Obwohl bekannt war, dass die Angreifer keine Studenten waren und deshalb gar keinen Zutritt zum Campus hatten, hat die Polizei nicht eingegriffen, sondern den Angriff sogar unterstützt und uns Studenten mit Knüppelschlägen und Tritten traktiert und festgenommen.

Man könnte sagen, dass die türkische Polizei uns so gut »beschützt« hat, dass mein ganzer Körper blau war, als ich nach einigen Stunden wieder auf freien Fuß gesetzt wurde. Meine Verletzungen wurde von den damaligen Vertretern des Menschenrechtevereins auch fotografisch dokumentiert. Aber obwohl wir die Polizisten, die uns geschlagen hatten, identifiziert und angezeigt haben, geschah nichts.

Während meiner Ingewahrsamnahme, mitten zwischen den Schlägen, hat ein Polizist zu mir gesagt: »Wir haben dich gesehen. Du hast kurdisch skandiert und gesungen.« Ich konnte aber gar kein Kurdisch, und bei der ganzen Kundgebung wurde auch keine einzige kurdische Parole gerufen, uns ging es ja um etwas ganz anderes.

In der offiziellen Presse wurde über unseren Protest und seine gewaltsame Niederschlagung wie folgt berichtet: »Kurdische und terroristische Studenten haben auf dem Campus eine illegale Aktion durchgeführt. Sie überfielen Unterrichtsräume und griffen die anderen Studenten an. Die Gefährlichsten von ihnen wurden festgenommen.«

Ich, die ich an dieser genehmigten Protestaktion, der legale, demokratische Forderungen zugrunde lagen, teilgenommen hatte, war also als »Kurdin und Terroristin«, ja sogar als eine der Gefährlichsten in Gewahrsam genommen worden. Wäre ich bei dieser Protestaktion nicht dabei gewesen und hätte ich nicht alles mit eigenen Augen gesehen bzw. erlebt, hätte ich den Berichten der Presse wahrscheinlich Glauben geschenkt, denn ähnliche Berichte hatte es schon vorher in den Zeitungen gegeben. So hatte es zum Beispiel geheißen: »Terroristische kurdische Studenten haben das CHP-Gebäude überfallen.« Ich hatte damals diese Berichte gelesen und ihnen geglaubt.

Nach meinen Erlebnissen am 6. November 1993 begann ich, die Berichte aus der Vergangenheit zu hinterfragen. Der Vorfall im Gebäude der CHP (Cumhuriyet Halk Partisi, auf deutsch: Republikanische Volkspartei) hatte sich ganz anders zugetragen, fand ich heraus. Auch da war es so, dass die Studenten eine genehmigte Protestaktion mit demokratischen Forderungen durchgeführt hatten und dem brutalen Übergriff der Polizei ausgesetzt gewesen waren. Die Studenten waren in das CHP-Gebäude geflohen und hatten dort Schutz gesucht, worauf die CHP-Leute die Poli-

Banu Büyükavci, Edirne, 1993

zei gerufen haben. Der Staat bediente sich aller ihm zur Verfügung stehender Mittel, um die Bevölkerung mit Lügen zu manipulieren. Bedauerlicherweise hatte auch ich mich einmal von diesen Manipulationen leiten lassen.

An der medizinischen Fakultät in Edirne hast du deinen späteren Ehemann Sinan Aydin kennengelernt.

Ja, wir haben uns an der Uni kennengelernt und 1994 geheiratet. Unsere Leben waren bis dahin sehr ähnlich verlaufen – wir kommen aus ähnlichen familiären Strukturen.

Sinan ist für mich nicht nur mein Lebensgefährte – er ist mein Kommilitone, mein Freund, mein Weggefährte und mein Kollege. Während der dreijährigen Münchner Haftzeit kam noch eine »Brief- und Prozessfreundschaft« dazu. Wir haben nie die Rolle von Mann und Frau, wie die türkische Gesellschaft sie für uns vorsah, übernommen, und waren auch nie in patriarchalischen Machtverhältnissen gefangen. Wir führten eine vom reaktionären und feudalen Verständnis der vom Staat vorgesehenen

Geschlechterrollen losgelöste Beziehung, deren Grundlage immer aus der Gleichberechtigung von Frau und Mann bestand, und der Auffassung, alle Lebensbereiche miteinander zu teilen und sich gegenseitig voranzutreiben. Ich habe diese Auffassung natürlich nicht schon immer gehabt. Ich habe sie gewonnen aus den für mich in jeder Lebenslage wegweisenden Werken, Erzählungen und Erfahrungen revolutionärer, fortschrittlicher, feministischer und aufgeklärter Künstler, Politiker und Sozialisten – Männer wie Frauen –, die für eine bessere Welt kämpften und die ich als meine Vorbilder ansah und ansehe.

Schaue ich heute auf diese Zeit zurück, war die Wandlung meiner Ansichten während meiner Studienzeit der schönste Abschnitt in meinem Leben. Was ich damals gelernt und verstanden habe, hat mein weiteres Leben und Handeln bestimmt. Andernfalls würde ich heute zu jenen Frauen gehören, die von den Geschehnissen auf der Welt keine Ahnung haben wollen, eine Frau, die ihre Augen vor allen Ungerechtigkeiten und der Ungleichheit verschließt, eine Frau, die ihren Beruf als Ärztin vor allem wegen des Geldes und bzw. oder einer gewissen Reputation ausübt. Möglicherweise wäre ich Gynäkologin geworden, weil dies für Frauen oft als passend erachtet wird. Das heißt, ich wäre zu einem Leben in einer halboffenen Haftanstalt verurteilt worden, so, wie es die Gesellschaft von mir erwartet, und zwar lebenslänglich. Ich bin froh, dass es anders gekommen ist.

Wie ging es nach deinem Studium weiter?

Im Jahr 1995 schloss ich mein Medizinstudium erfolgreich ab. Mein größter Wunsch war es, in die kurdischen Provinzen zu gehen, oder in abgelegene Regionen – wohin junge Ärztinnen und Ärzte in der Regel nur ungern wollen –, um dort als Ärztin den Menschen zu dienen. Damals hatten die Absolventen der medizinischen Fakultät mindestens zwei Jahre lang einen Pflichtdienst zu verrichten. Das Gesundheitsministerium legte die Einsatzorte fest und die neuen Ärzte wurden dann jeweils dort eingesetzt.

Wie haben deine Eltern darauf reagiert?

Meine Familie wollte nicht, dass ich meinen Pflichtdienst in Kurdistan verrichte, da dort gerade Krieg herrschte. Die anderen Orte, in denen

Banu Büyükavci nach Abschluss ihres Medizinstudiums, Edirne, 1995

man seinen Pflichtdienst verrichten konnte, waren sozioökonomisch schlecht gestellte kleine Ortschaften oder abgelegene Dörfer. Viele junge Ärztinnen und Ärzte hatten keine Chance, in den westlichen Städten, den großen Provinzen oder an ihrem Wunschort den Pflichtdienst zu verrichten, da diese begehrten Stellen von privilegierten Ärzten besetzt wurden, die gute Beziehung hatten oder Bestechungsgelder zahlen konnten. Bestechung, Beziehungen und Korruption sind in der Türkei in jedem Bereich Normalität. Es war für mich völlig ausgeschlossen, an diesem schmutzigen Rad mitzudrehen.

Meine Familie hatte Angst um mich und versuchte lange, mich von meinem Pflichtdienst in der hintersten Provinz abzubringen. Sie schlug sogar vor, für Sinan Aydin und mich in Edirne eine Privatklinik zu eröffnen. Eigentlich bedeutete meiner Familie Geld nicht viel. Es waren bescheiden lebende Menschen, die jahrelang als Beamte für den Staat, an den sie glaubten, gearbeitet haben. Sie hatten aber in einem Land wie diesem ebenso wie Tausende anderer Eltern Angst um ihre Kinder, denn sie sahen und erlebten, wie unschuldige junge Menschen jahrelang im Gefängnis saßen oder Opfer unaufgeklärter Morde wurden.

Hat dich das von deiner Familie entfremdet?

Nein, aufgrund ihres Alters und ihrer Erfahrung sahen meine Eltern die Realität im Land damals besser als ich. Sie waren sich vieler Dinge bewusst, sprachen diese aber nicht aus, weil die Unterdrückung und die Angst, die in der Türkei herrschten, sie – und so viele andere Familien – zum Schweigen gebracht hatte. Zumindest in dem Umfeld, in dem ich lebte, war das die Tendenz.

Trotz allem wollte ich dem Volk dienen und entschied mich daher, meinen Pflichtdienst dort zu leisten, wo ich der Auffassung war, dass ich gebraucht werde. Sinan hatte sein Studium bereits vor mir abgeschlossen und arbeitete in Gölköy, einer kleinen Ortschaft an der Schwarzmeerküste, als verbeamteter Arzt. Von der Familienzusammenführung für Beamte konnte ich jedoch keinen Gebrauch machen, da dort gerade keine Stelle frei war. Also nahm ich meinen Dienst im Nordosten der Türkei, in der Provinz Kars, auf. Sinan machte daraufhin von der Familienzusammenführung Gebrauch und wurde nach Kars versetzt.

Wie sah deine Arbeit in Kars aus, was hast du dort erlebt?

1995 begann ich in Kars in einem Gesundheitszentrum als Allgemeinmedizinerin zu arbeiten. Die Arbeit in diesem Gesundheitszentrum – eines von dreien, das die Menschen in dieser Stadt damals medizinisch versorgte – war für mich ein großer Schock. Es gab keine Notfallmedikamente, es gab kein Labor und auch kaum medizinisches Material. Aber am schlimmsten war, dass es in diesem Gesundheitszentrum keine Sterilisationsmöglichkeit gab. Mussten wir in den Rachen eines Patienten schauen, versuchten wir, die Instrumente zu desinfizieren, indem wir sie

Banu Büyükavci und Sinan Aydin, Kars, 1995

auf dem Ofen erhitzten. Ich motivierte mich immer wieder selbst, indem ich mir sagte: »Du musst deinen Beruf auch unter diesen Umständen so gut ausüben, wie es nur geht, das ist kein Grund, um dich zu beklagen.«

Die meisten Patienten verfügten weder über ein Einkommen noch eine Krankenversicherung. Sie bekamen vom Gesundheitsministerium die sogenannte »Grüne Karte« (Yeşil Kart) und konnten sich damit kostenlos im Gesundheitszentrum oder im Krankenhaus untersuchen lassen. Die Kosten für Medikamente jedoch wurden – außer im Fall einer stationären Behandlung – nicht übernommen. Im Schnitt kamen pro Tag 50 bis 60 Patienten, in den Wintermonaten waren es täglich 80 bis 90 Patienten, und mindestens 20 von ihnen hatten lediglich eine »Grüne Karte«. Es kamen Kinder mit Fieber, Durchfall oder Erkrankungen der oberen Atemwege, es kamen Patienten mit Bluthochdruck und Diabetes. Ich untersuchte sie, stellte die Diagnose und verschrieb ihnen Medikamente – gleichzeitig wusste ich, dass sie sich diese Medikamente gar nicht würden leisten können.

Das ist wirklich fürchterlich. Konnte man nichts dagegen tun?

Ich habe Probepäckchen von Medikamenten gesammelt, die Vertreter uns vorbeibrachten, und Apotheker, die ich kannte, um Medikamentenspenden gebeten. So habe ich versucht, wenigstens einem Teil der Patienten zu helfen, doch das war nicht genug und mein Gewissen plagte mich sehr. Man kann als Arzt noch so gut sein und auch die richtige Diagnose stellen, aber wenn sich die Patienten die verschriebenen Medikamente nicht kaufen können, ist das alles bedeutungslos.

Damals war ich oft verzweifelt und habe sogar manchmal vor lauter Ausweglosigkeit und Wut geweint. Dann versuchte ich, mit den Ärztekollegen von der Gesundheitsdirektion zu reden, aber ihre Gleichgültigkeit gegenüber diesen Problemen machte mich noch trauriger. Der Gesundheitsdirektor sagte sogar zu mir:»Lassen Sie es gut sein, Frau Doktor, es lohnt sich nicht, sich für diese Menschen einzusetzen, was beschäftigen Sie sich überhaupt damit.«

Erst später habe ich verstanden, was er damit meinte. Kars war ein Ort, der vor allem von Kurden, Aleviten und anderen ethnischen Minderheiten bewohnt wurde. Diese Minderheiten bedeuteten dem Gesundheitsdirektor nichts, kurdische Patientinnen und Patienten waren für ihn potenzielle Terroristen, denen der Staat keine gesundheitliche Versorgung schuldete.

Dieser Gesundheitsdirektor war kein Einzelfall, nehme ich an?

Zu unseren Aufgaben zählte auch, außerhalb von Kars liegende Dörfer zu besuchen, um dort medizinische Untersuchungen oder Impfungen vorzunehmen. Ich wunderte mich, dass uns die Dorfbewohner immer völlig verängstigt und verunsichert empfingen. Den Grund hierfür begriff ich erst später. Die Bevölkerung – insbesondere die Kurden – fürchtete sich vor Staatsbediensteten. Denn für sie bedeutete der Staat: Militär, Polizei, Repression und Qual. Manche Dörfer wurden – mit der Begründung, dass von ihnen die PKK unterstützt würde – auch von Soldaten überfallen und die Dorfbewohner Verhören unter Folter und Prügel unterzogen, ohne Rücksicht auf Frauen, alte Menschen und Kinder. Da auch wir, das Personal des Gesundheitszentrums, Staatsbedienstete waren, hatten sie Angst vor uns. Ich schämte mich damals, dass ich Türkin und Sunnitin war. Ich schämte mich, Mitglied eines Staates zu sein, der andere Nationen, Glaubensrichtungen und ethnische Minderheiten unterdrückt und peinigt.

Als ich später erfuhr, dass andere Menschen ähnliche Empfindungen haben, fühlte ich mich nicht mehr so allein. Nachdem ich nach Deutschland gekommen war, sagte eine deutsche Freundin einmal zu mir, dass sie sich aufgrund der Nazizeit schäme, Deutsche zu sein. Und eine Lehrerin, die aus der Presse von dem Verfahren gegen mich erfahren hatte und mir während meiner Haftzeit geschrieben hat, um mich zu unterstützen, schrieb in ihrem Brief: »Ich verstehe nicht, warum ihr inhaftiert seid, und ich schäme mich dafür als Deutsche. Ich referiere seit 25 Jahren in meinen Klassen über Gerechtigkeit. Was soll ich jetzt meinen Schülern über deutsche Gerechtigkeit erzählen?«

Mit der Zeit lernten mich die Menschen in Kars kennen und es entstand zwischen uns eine gute Beziehung. Sie fingen an, mich als eine von ihnen zu erachten und bauten Vertrauen zu mir auf. Auch in den kleinen Ortschaften verbreitete sich schnell die Nachricht, dass ich gekommen war, um den Menschen zu helfen, gleich welcher Abstammung oder Religion. Wie bereits zuvor erwähnt, versuchte ich den unversicherten Patienten in irgendeiner Form zu helfen und ihnen, soweit es mir möglich war, die benötigten Medikamente zu beschaffen. Nachdem dies bekannt wurde, vermehrte sich die Zahl der Patientinnen und Patienten, die mich aufsuchten, schlagartig.

Wie muss man sich Kars und seine Umgebung in dieser Zeit vorstellen?

Kars liegt im Nordosten der Türkei. Der Winter ist dort sehr hart, es wird dann bis zu -30° C oder -40° C kalt und es schneit etwa neun Monate lang – zumindest vor 25 Jahren war das noch so. Gab es starken

Schneefall, waren die Wege zu manchen Dörfern versperrt, so dass auch heilbare Erkrankungen zum Tode führten, weil der Kranke die Stadt nicht erreichen konnte. Man muss sich das einmal vorstellen: Neun Monate Winter, stets eine eisige Kälte, und Menschen, die weder Essen noch Heizmaterial hatten. Und das zu Beginn des 21. Jahrhunderts!

Jahrelang habe ich versucht, so gut es ging, die Ärztin dieser armen Menschen zu sein, und wurde jeden Tag konfrontiert mit ihrer Armut und ihrem Leid. In den meisten Dörfern gab es in den Häusern keine Toiletten, und die Menschen holten sich ihr Wasser von entfernt gelegenen Brunnen, wenn diese Brunnen nicht gerade eingefroren waren. Als ich anfing in Kars, konnte ich es kaum glauben, wenn meine in Dörfern tätigen Arztkolleginnen oder -kollegen mir erzählten, dass sie im Winter Schnee schmolzen, um Wasser zu haben für Behandlungen oder das Desinfizieren ihrer Instrumente ...

Ethnische Minderheiten wurden unterdrückt und benachteiligt. Wie sah es für Frauen aus, erhielten sie besondere Unterstützung?

Die Situation der Frauen ist in der Türkei im Allgemeinen schlecht. Was ich jedoch in Kars erlebt habe, war weit mehr als das: Ich untersuchte Patientinnen, die mit 18 Jahren bereits das dritte Kind geboren hatten, weil der Ehemann gegen Verhütung war; die schon im Kindesalter gebaren und an damit verbundenen Krankheiten oder Verletzungen verstarben; die an Krebs erkrankt waren und keine Behandlung bekamen; die zuhause an Herzinfarkten oder bei schweren Geburten verstarben, weil die Stadt für sie nicht erreichbar war. Ich habe Mädchen gesehen, die im Alter von 13 Jahren mit einem 70-jährigen Mann verheiratet wurden – genauer gesagt, gegen Brautgeld verkauft wurden.

Eine Zeit lang war ich in der Poliklinik für Innere Medizin im staatlichen Krankenhaus tätig. Dort gab es auch ein Labor und Röntgenmöglichkeiten. Bei einer jungen Patientin von mir wurde Magenkrebs diagnostiziert. Die Antwort, die ich erhielt, als ich ihrem Mann die Situation schilderte, war grauenvoll. Der Mann sagte kaltblütig:»Frau Doktor, was sollen wir machen? Diese Krankheit kommt von Gott. Eine Behandlung ist keine Garantie für Genesung. Bevor ich viel Geld für eine Behandlung bezahle, hole ich mir lieber eine neue ...« Er meinte eine neue Frau. Ich

Banu Büyükavci, Kars, 1995

versuchte, ihn zu überzeugen, seine Frau behandeln zu lassen, ich flehte ihn an, ich rannte ihm hinterher. Er jedoch nahm die arme Frau mit, ich stand da und konnte ihnen nur hinterherschauen.

Daraufhin ging ich zum Chefarzt, aber den interessierte dieser Fall überhaupt nicht. Es ist ohnehin so, dass in der Türkei die Chefärzte und die Leiter der staatlichen Behörden ihre Position nicht deshalb inne haben, weil sie diese aufgrund ihrer Qualifikation verdient hätten, sondern weil sie wegen der Mitgliedschaft in der Regierungspartei oder wegen ihrer Beziehungen dorthin berufen werden. Ihr Ziel besteht auch nicht darin, der Bevölkerung zu dienen, sondern sich ihre Taschen zu füllen.

So war zum Beispiel der Bruder des damaligen Abgeordneten der Milliyetçi Hareket Partisi (»Partei der Nationalistischen Bewegung«) in Kars zunächst als Hausmeister in der Direktion tätig. Nachdem sein Bruder jedoch Abgeordneter geworden war, stieg er die Karriereleiter ganz schnell nach oben und leitete am Ende eine Institution, die für das Gesundheitssystem der ganzen Stadt und der dazugehörigen Kreisstädte und Dörfer verantwortlich war – und das, obwohl er über keinerlei Ausbildung im Gesundheitsbereich verfügte.

Vetternwirtschaft, Vitamin B ... wir kennen das alles auch, aber vielleicht nicht in dieser Ausprägung.

Ich habe ja zwischen 1999 und 2004 an der Veterinärmedizinischen Fakultät der Universität Kars meine Doktorarbeit in Biochemie geschrieben. Man benötigte dafür jedes Jahr eine Genehmigung der Gesundheitsdirektion. Also stellte ich bei deren Chef einen entsprechenden Antrag. Er war völlig verwundert und sagte zu mir: »Sind Sie nicht schon Doktor? Warum wollen Sie dann promovieren? Wollen Sie ›Doktor Doktor‹ sein? Man kann nicht zweimal Doktor werden. So etwas gibt es nicht.« Obwohl ich es ihm lang und breit erklärte, verstand er es nicht. Der Vorgesetzte von Hunderten von Ärzten, Fachärzten und Krankenpflegenden war also ein ungebildeter Mann, der nicht einmal den Unterschied zwischen dem Arztberuf und der Erlangung der Doktorwürde kannte.

Es ist in der Türkei leider völlig normal, dass Menschen wie er in Positionen kommen, die sie nicht verdient haben, und dann von ihren Untergebenen fordern, gesetzwidrige Dinge zu tun. Sie schicken zum Beispiel »Bekannte«, um sie krankschreiben zu lassen, obwohl sie nicht krank sind, um ihnen Medikamente verschreiben zu lassen, die eigentlich nicht verschrieben werden dürfen. Sie nehmen dafür Bestechungsgelder entgegen. Und wer dagegen aufbegehrt, bekommt Probleme, wird sanktioniert oder versetzt. Man hat keine Chance, Recht zu bekommen, denn die nächsthöhere Instanz hat die gleiche Geisteshaltung. Obwohl diese Menschen als Beamte ein festes Einkommen haben, werden sie durch Korruption und Bestechung immer reicher.

Während meiner letzten beiden Jahre in Kars – ich rede von den Jahren 2002 bis 2004 – wurde mir die Leitung des Gesundheitszentrums übertragen. In diesem Gesundheitszentrum waren Umbaumaßnahmen erforderlich und für diese Arbeiten war im Zuge einer Ausschreibung ein Bauunternehmer beauftragt worden. Nach Beendigung der Maßnahmen wollte der Gesundheitsdirektor, dass ich ein Dokument unterschreibe, dessen Inhalt besagte, dass ich die Umbauten im Gesundheitszentrum abgenommen habe und alle Arbeiten entsprechend der Vereinbarung, die zwischen dem Gesundheitsdirektor und dem Unternehmer gemacht worden war, erfolgt sind. Ich wollte vorab diese Vereinbarung sehen. Zuerst wollte man sie mir nicht geben und sagte, dass ich das Dokument unterschreiben müsse. Ich weigerte mich. Tage später wurde mir die Vereinbarung übersandt. Darin waren alle zu verrichtenden Arbeiten genau aufgelistet. Vorgesehen war mehr oder weniger die Erneuerung des gesamten Gebäudes und die zu bezahlende Rechnung war sehr hoch. Von den in der Vereinbarung aufgeführten Instandsetzungsmaßnahmen waren jedoch nur wenige ausgeführt worden. Bei meinen Nachforschungen fand ich heraus, dass die verrichteten Arbeiten nur ein Zehntel der in der Vereinbarung genannten Arbeiten betrugen. Ich sagte, dass ich mich an dieser Korruption nicht beteilige und die von mir geforderte Bestätigung nicht erteilen werde.

Daraufhin suchte mich der für die Arbeiten verantwortliche Unternehmer im Gesundheitszentrum auf und drohte mir mit dem Tod. Alle Versuche, diese Drohung zur Anzeige zu bringen, scheiterten. Denn der Gesundheitsdirektor und der Unternehmer waren beide an diesem Betrug beteiligt. Da ich keinen Schritt zurückwich, wurde ich gemobbt und an einem Wintertag zusammen mit meinem Mann bei -20° C aus dem Ärztewohnheim geworfen. Jede Ärztin und jeder Arzt hat eigentlich das Recht, für einen Zeitraum von fünf Jahren in diesen Wohnheimen zu wohnen. Weil ich aber ein Dokument, das der Korruption diente, nicht unterschrieben habe, wurde mir dieses Recht ohne Angabe von Gründen im dritten Jahr genommen.

Du bist mit deiner Haltung ein großes Risiko eingegangen.

Ja, aber in einem solchen Fall keinen Ton von sich zu geben – also würdelos zu leben –, finde ich schlimmer, als zu sterben. Mein Ersuchen an den Gouverneur, all meine Bemühungen, mein Recht einzufordern,

Banu Büyükavci, Kars, 2002

scheiterten. Viele Ärzte, die wie ich ehrlich waren und bei ihrer Berufs-
ausübung ethische Regeln einzuhalten versuchten, erlebten die gleiche
Ungerechtigkeit. Die Türkei ist ein Land, in dem Aufrichtigkeit als
»Staatsfeindlichkeit« erachtet wird. Denn alle staatlichen Institutionen
sind verdorben, und das Wort »Staat« bedeutet Bestechung, Korruption,
Ungerechtigkeit und Gewalt.

Wenn man in der Türkei ein aufrichtiger und guter Mensch ist, heißt
das, sich gegen den Staat und die öffentliche Ordnung zu stellen. Da gibt
es keinen Mittelweg. Andernfalls müsste man sich von seinen wichtigsten
Werten trennen. Ich habe bei meinen Werten niemals Zugeständnisse
gemacht und werde das auch in Zukunft nicht tun. Auch wenn ich mit
dem Tod bedroht oder ins Gefängnis gesperrt werde, es kann mich niemand dazu zwingen, meine Augen vor Ungerechtigkeiten zu verschließen und zu schweigen. In der Türkei, in anderen Regionen der Welt, und,
wie ich erleben musste, auch in Deutschland, führt der Weg der Menschen, die auf menschliche Werte achten, sich gegen Ungerechtigkeiten

stellen und für eine bessere Gesellschaft kämpfen, durch Gefängnisse, und sie haben in allen Lebensbereichen mit Schwierigkeiten zu kämpfen. Aber das schreckt mich nicht ab.

Ich habe in Kars neun Jahre lang unter den oben beschriebenen Bedingungen gelebt. Diese neun Jahre haben mich viel gelehrt. Sie haben dazu gedient, meine Weltanschauung, die ich an der Universität entwickelt habe, zu vertiefen. Sie haben mir als jemand, der vorher noch nie weiter in den Osten als bis nach Ankara gekommen war, den wahren Charakter der Republik Türkei gezeigt.

Wann und warum bist du dann nach Deutschland gekommen?

2003 bin ich nach Deutschland gekommen, um einige Wochen Urlaub zu machen. Ärzte, die ich kannte, hatten mir gesagt, dass ich hier eine Facharztausbildung machen könnte – es gäbe wegen der Migranten eine sehr große Nachfrage nach Türkisch sprechenden Ärzten. Mich hat besonders der Zweig Psychosomatik und Psychotherapie interessiert, den es in der Türkei nicht gibt.

Daher habe ich zuerst einen Deutschkurs beim Goethe-Institut in Rothenburg ob der Tauber belegt und anschließend damit begonnen, mich auf Arbeitsstellen zu bewerben. 2005 wurde ich von der Universität Regensburg im Fachbereich Psychosomatik als wissenschaftliche Mitarbeiterin angenommen. Ich habe unter Vorlage der Bestätigung der türkischen Gesundheitsdirektion und aller weiteren nötigen Papiere bei der Ausländerbehörde der Stadt Nürnberg einen Antrag auf Erteilung eines Aufenthaltstitels gestellt. Obwohl ich erklärt habe, dass ich die Krankenversicherung und alle anderen Versicherungen selbst zahlen werde, wurden mir von der Behörde viele Hürden in den Weg gelegt. Auch wenn ich den »Grünen Pass« hatte, den in der Türkei alle Beamtinnen und Beamten im gehobenen Dienst erhalten, und auch wenn einem mit diesem in fast allen Ländern der Erde die Einreise ohne Visum gestattet wird, wurde ich zur Beantragung eines Visums noch einmal zurück in die Türkei geschickt.

Also bin ich in die Türkei gereist, in Ankara zur Deutschen Botschaft gegangen und habe dort ein Visum beantragt. In der Botschaft wurde mir jedoch gesagt, dass dies nicht erforderlich sei, und nach einem längeren

Telefonat der Botschaft mit der Nürnberger Ausländerbehörde bekam ich noch am selben Tag das Visum. Daraufhin hat der Beamte bei der Ausländerbehörde in Nürnberg die abenteuerlichsten Behauptungen aufgestellt, warum ich das Visum so schnell bekommen hatte, hat mir gegenüber sogar angedeutet, das Visum könnte eine Fälschung sein – und das, obwohl er vorher selbst mit der Deutschen Botschaft in Ankara telefoniert hatte. Zusätzlich zu den in der ursprünglichen Liste aufgeführten Dokumenten wurden daraufhin weitere Unterlagen angefordert. Auch die reichte ich ein. Dann hieß es wieder: »In Ordnung, aber dieses Dokument hier fehlt auch noch.«

Insgesamt zehn Tage lang wurde ich hingehalten. Anstatt mir verbindlich zu sagen, was alles benötigt wird, wurde mir jeden Tag etwas Neues abverlangt. Am zehnten Tag habe ich dann gesagt, dass ich das nächste Mal einen Anwalt und einen Notar mitbringen werde, man möge mir in deren Anwesenheit mitteilen, was noch fehlt. Und – was für ein Zufall – genau an diesem Tag habe ich dann meinen Aufenthaltstitel bekommen. Später habe ich von Arztkollegen erfahren, dass sie diesem Prozedere nicht unterzogen wurden, obwohl sie dieselbe Ausgangsposition hatten. Mit anderen Worten: Ich war der willkürlichen Praxis des Sachbearbeiters in der Ausländerbehörde ausgeliefert gewesen.

Es hat mich zwar gewundert, dass in Deutschland so etwas möglich ist, aber ich wurde später noch öfter mit der Willkür staatlicher Einrichtungen, die den Menschen ja eigentlich dienen sollten, konfrontiert. Besonders schmerzt mich, wenn ich daran denke, wie sich wohl Migranten, die kein Deutsch können, die keinen Beruf haben, und die nicht in ihr Land zurückkehren können, bei einer solchen Behandlung fühlen. In der Psychosomatik bzw. in der interkulturellen Psychotherapie wird Migration als Trauma behandelt. Die ersten Monate meines Lebens in Deutschland haben mir gezeigt, wie richtig und wissenschaftlich zutreffend diese Diagnose ist. Meine eigenen Erlebnisse mit der deutschen Bürokratie haben es mir in meinem späteren Berufsleben erleichtert, besonderes Verständnis für kranke Migranten aufzubringen.

Wie ging es für dich weiter nach deiner ersten Arbeitsstation in Regensburg?

Banu Büyükavci, Regensburg, 2006

Nachdem mein Dienst in Regensburg beendet war, begann ich im
September 2006 als Assistenzärztin in der Inntalklinik in Simbach auf der
Interkulturellen Station zu arbeiten. Meine Patienten waren hauptsäch-
lich Migranten aus der Türkei – Menschen, die 20 bis 30 Jahre in Fabriken
gearbeitet haben; die arbeitslos wurden, als die Fabriken geschlossen
wurden; die keine neue Arbeit fanden, weil sie nicht genug Deutsch konnten und auch keine Ausbildung hatten; die unter wirtschaftlichen Schwierigkeiten zu leiden hatten; die am Arbeitsplatz mit Mobbing zu kämpfen
hatten; die aus Angst, ihre Arbeit zu verlieren, gezwungen waren, viel zu
viel zu arbeiten; die Gewalt innerhalb der Familie erlebt hatten; die sexuell belästigt und missbraucht worden waren; Frauen, die zwangsverheira-
tet und aus der Türkei hierher geholt worden waren; aber auch während
des Krieges in der Türkei traumatisierte kurdische Frauen.

Die Mehrheit der Krankheiten hatte sozio-ökonomische Gründe,
war kulturell bedingt, hatte ihre Ursache also im politischen und wirt-

schaftlichen System. Ich habe damals schon viel darüber nachgedacht und tue es heute immer noch: Wenn wir in einer gerechteren, gleichen und freien Welt leben würden, wenn da nicht dieses brutale, kapitalistische System wäre mit seinen patriarchalen Strukturen, dann wären die psychiatrischen und psychosomatischen Abteilungen in den Krankenhäusern fast leer und wir wären arbeitslos.

Hat sich diese Einschätzung bei deinen nächsten Arbeitsstellen bestätigt?

Nachdem ich meine Ausbildung zur Fachärztin für Psychosomatische Medizin und Psychotherapie in Simbach im Oktober 2010 beendet hatte, habe ich in der Klinik für Psychiatrie des Bezirkskrankenhauses Landshut zu arbeiten begonnen, um meine zweite Fachausbildung zur Psychiaterin zu machen. Ich behandelte in der Suchtklinik nun deutsche Patientinnen und Patienten. Was mir auffiel, war, dass auch die Ursachen für Suchtkrankheiten häufig sozio-ökonomischer Natur sind. Es waren Menschen, die arbeitslos geworden waren; die alles verloren hatten; die gemobbt wurden; die unter dem für unsere Zeit so typischen Stress litten; die schlechte Arbeitsbedingungen hatten; Frauen, die als Kind sexueller Belästigung ausgesetzt waren; Frauen, die geschlagen wurden usw. Sie hatten alle tragische Lebensgeschichten. Und nachdem sie mit ihren Problemen nicht fertig geworden waren, suchten sie Trost in Alkohol und Drogen.

Wenn ich Süchtige sehe, die in Bahnhöfen und neben Geldautomaten schlafen oder um Geld betteln, schäme ich mich für mein Menschsein und denke:»Diese Menschen haben ein besseres Leben verdient. Keiner gerät freiwillig in so eine Lage. Wenn das System anders wäre, müssten sie nicht im Winter in der Kälte auf der Straße leben.« Anders ausgedrückt: Ich schäme mich seit meiner Zeit in Kars immerfort, und das muss auch so sein. Wenn ein Mensch so viel Ungerechtigkeit und Armut sieht und dann den Kopf wegdreht und die drei Affen spielt, nicht reagiert und sich nicht schämt, dann kann das kein Mensch sein.

Und dann bist du in Nürnberg gelandet.

Um die psychiatrische Fachausbildung fortzusetzen, begann ich im Nürnberger Nordklinikum als Assistenzärztin zu arbeiten. Hier war ich in der Gerontopsychiatrie, auf der geschlossenen Akutstation und auf der Station für an Depression erkrankte Menschen tätig. Auch hier fiel mir auf, dass die Krankheitsursachen meist sozio-ökonomisch und kulturell bedingt waren. Insbesondere die Situation der Patientinnen, die Gewalt, Übergriffe und Vergewaltigung erlitten hatten, ging mir sehr nahe. Ob es sich nun um einen abgelegenen Ort in der Türkei handelt oder um Städte in Deutschland – die Gewalt, die Frauen erleiden müssen, ähnelt sich. Bei den ausländischen und migrantischen Frauen kommen die Probleme, die aus ihrem Migrantendasein resultieren, noch hinzu.

Da es damals am Nordklinikum außer mir keine anderen türkischsprachigen Psychiater gab, klingelte das Telefon während meiner ersten Dienstjahre in Nürnberg ununterbrochen. Zahlreiche Migranten aus der Türkei, die ihr Anliegen nicht auf Deutsch zum Ausdruck bringen konnten, baten mich um Hilfe. Diese an türkischsprachige Psychologen zu verweisen war auch keine Lösung, da gerade diese Wartezeiten von bis zu einem Jahr hatten. Es betrübte mich sehr, dass ich jeden Tag einigen Patienten sagen musste:»Bedauerlicherweise arbeite ich im stationären Bereich. Ich habe keine Praxis, ich kann Ihnen nicht helfen.«

Eines Tages baten mich Kollegen aus der Institutsambulanz, ein paar Patienten, die kein Deutsch konnten und in sehr schlechter Verfassung waren, zu übernehmen. Obwohl ich auf der Station mehr als genug zu tun hatte, übernahm ich diese Patienten, weil meine Kollegen ihnen nicht helfen konnten. Einen dieser Patienten, der um die 60 Jahre alt war, werde ich mein Leben lang nicht vergessen. Als er zu dem ersten Termin erschien, umarmte er mich unter Tränen und sagte:»Frau Doktor, Gott vergelte es Ihnen, ich suche seit fünf Jahren einen türkisch sprechenden Arzt. Aber das Kontingent der Psychologen ist ausgeschöpft. Sie geben mir erst in einem Jahr einen Termin. Ich bin an der Schwelle des Selbstmords angelangt.«

Ich wusste nicht, ob ich mich freuen oder traurig sein sollte, also stand ich einfach da. Vielleicht konnte ich diesem Patienten helfen, aber was war mit denjenigen, die ich zurückweisen musste? In welcher Verfassung befanden sich diese? Ich fühlte mich in den Seelenzustand meiner Studienjahre zurückversetzt. Man kann noch so ein guter Mediziner sein, man kann die exakte Diagnose stellen und behandeln. Aber es reicht nicht, das Erreichbare ist begrenzt, es bleiben noch Hunderte, ja Tausende übrig. Erneut empfand ich dieses unerträgliche Gefühl der Hilflosigkeit und der Scham. Wie ich bereits gesagt habe: Hätten wir eine lebenswerte Welt, in der die Arbeits- und Lebensbedingungen menschlich sind, also eine klassenlose Gesellschaft ohne Ausbeutung, gäbe es viele dieser Krankheiten nicht.

Mit Gedanken dieser Art fand der erste Termin mit jenem älteren Patienten statt und ich gab ihm einen Termin für die zweite Sitzung. Später tadelte ich mich immer wieder selbst und dachte mir, hättest du ihm nur einen früheren Termin gegeben, wenigstens einen Tag früher. Denn der Termin mit ihm·wäre am 16. April 2015 gewesen, dem Tag nach meiner Verhaftung. Einer der ersten Gedanken, die ich bei meiner Festnahme hatte, galt diesem älteren Patienten. Der arme Mann hatte sich so gefreut.

Im gleichen Moment fiel mir auch eine deutsche Patientin ein, die stationär behandelt wurde. Eine Patientin, die in ihrer Kindheit von ihrem Vater jahrelang sexuell missbraucht worden war. Es ging sogar so weit, dass ihr Vater sie zum Ausgleich von Spielschulden anderen Männern zur Verfügung gestellt hatte. Ich war die einzige Ärztin, die sie körperlich untersuchen durfte und das Bild, das sich mir bei der Erstuntersuchung bot, war grauenvoll. Ihr Körper war von tiefen Wunden übersät. Aufgrund ihres Traumas hatte sie einen Hass gegen ihre weibliche Identität und ihren Körper entwickelt und sich ihr Leben lang Verletzungen zugefügt, um sich selbst zu bestrafen. Während der Haft dachte ich oft an diese Frau. Was sollte sie, die nur mir vertraute, ohne mich nun tun?

Wie hält man das aus in deinem Beruf – ständig mit solchen Schicksalen konfrontiert zu werden?

In der psychosomatischen Facharztausbildung haben wir viele Supervisionen und Fortbildungen gemacht, damit wir lernen, wie wir mit Extremsituationen umgehen und uns schützen können. Doch ich war und bin da anders. In den Lehrbüchern steht zwar, man muss Distanz halten zu den Patientinnen und Patienten, aber ich glaube, man braucht auch ein gutes Maß Empathie in diesem Beruf.

Ich erinnere mich, dass ich manchmal in der Nacht oder abends nach der Arbeit sehr traurig war, aber das hat mir nicht geschadet, auch wenn man mir immer gesagt hat: Du musst dich um deine Psychohygiene kümmern. Für mich war das Einfühlen in die Probleme der Patientinnen und Patienten aber immer wichtiger. Ich glaube, das ist auch ein kulturelles Phänomen, die angloamerikanische und europäische Haltung ist da eine andere. Es geht vor allem um Distanz und Professionalität, weniger um menschliche Anteilnahme. Diese bewirkt jedoch etwas bei den Patienten. Ich habe immer wieder festgestellt, dass sich Patienten ganz anders angenommen fühlen, wenn man versucht, sich in ihre Situation hineinzuversetzen und sie nicht nur als »Fall« begreift. Das hat auch nie geschadet – im Gegenteil. Ein Arzt muss einfach Mitgefühl haben.

Kars war damals als Stadt stark durch Armut geprägt und durch elende sozio-ökonomische Bedingungen. Die Menschen hatten kein Geld und auch keine Krankenversicherung. Man kann sich vorstellen, wie es da den Kindern ging ... *(macht eine Pause)* Ich habe mehrmals gedacht, ich müsste eigentlich mein Diplom zerstören oder verbrennen. Es ist völlig egal, ob man eine gute Ärztin oder Professorin ist. Wenn man für die Menschen keine Medikamente oder Behandlungsmittel hat, hilft das alles nichts. *(sie kämpft mit den Tränen)*

Das tut mir sehr leid, ich möchte dich mit meinen Fragen nicht belasten!

Nein, das ist keine Belastung ... das tut gut.

Wie schaut denn dein regulärer Tagesablauf aus in der Klinik in Nürnberg?

Das ist ganz unterschiedlich, wir arbeiten immer in Rotation. Aktuell bin ich in der psychiatrischen Institutsambulanz. Das heißt, wir haben keinen stationären Bereich, sondern begleiten oder behandeln die Patienten ambulant. Das ist manchmal sehr anstrengend, ich habe viele türkische Patienten, die kein Deutsch können und nirgendwo anders therapeutische Behandlungen in Anspruch nehmen können. Deshalb ist das bei mir vielleicht ein bisschen mehr als bei den Kolleginnen und Kollegen. Aber ich liebe meinen Beruf.

Banu Büyükavci, Nürnberg, 2012

Deine Kolleginnen und Kollegen im Klinikum haben ja mitbekommen, was mit dir passiert ist. Wie gehen die Leute mit dir um, wie reagieren sie auf das Ganze?

Ja, sie haben natürlich alles mitbekommen – manche waren empört, andere waren traurig. Aber sie haben mich von Anfang an unterstützt. Und kümmern sich jetzt rührend um mich, jeden Tag heißt es: »Banu, wie geht es dir, was können wir für dich tun?« Sie haben Empathie, es sind halt Psychiater und Psychologen. *(lacht)*

Drei Jahre lang wurde ich von meinem geliebten ärztlichen Beruf – der für mich mehr als ein Beruf ist – von meinen Patienten und meinen

Kolleginnen und Kollegen getrennt. Während meiner Haftzeit dachte ich oft an sie, und daran, wie sehr ich meinen Beruf vermisse. Von einem Moment auf den anderen war ich plötzlich von der Bildfläche verschwunden, was dachten und empfanden sie? Ich erfuhr es durch die unterstützenden Briefe sowie die Schilderungen der Menschen, die zu Besuch kamen. Die einheitliche Aussage war: »Banu, wir stehen dir zur Seite, wir glauben daran, dass wir binnen kürzester Zeit unsere Zusammenarbeit fortsetzen werden können.«

Darüber hinaus haben die Gewerkschaft ver.di, insbesondere der Migrationsausschuss ver.di Mittelfranken, und verschiedene Fraueninstitutionen – da ich die einzige Frau war in diesem Verfahren – eine Reihe von Aktivitäten gestartet und mir das Gefühl vermittelt, dass sie hinter mir stehen. Das hat mir unglaubliche Kraft, Hoffnung und Mut vermittelt. Ich fühlte mich nicht allein.

Wie hat man dich nach deiner Entlassung aus dem Gefängnis in der Klinik empfangen?

Die Freudentränen, die ich gemeinsam mit meinen Kolleginnen und Kollegen nach drei Jahren Haft am ersten Tag meines Erscheinens in der Klinik vergoss und die vielen minutenlangen Umarmungen werde ich mein Leben lang nicht vergessen. Ich glaube, das hat eine halbe Stunde gedauert und alle waren wie verrückt. *(sie weint)* Das erzeugte in mir eine unglaubliche Welle von Emotionen.

Angefangen vom Führungspersonal bis hin zu den Frauen, die im Klinikum Reinigungsarbeiten verrichten, wurde ich fast wie eine Heldin empfangen. Das brachte mich sehr in Verlegenheit und ließ mich erröten. Selbst Mitarbeiter, die erst nach meiner Inhaftierung die Tätigkeit in der Klinik aufgenommen hatten, kamen zu mir und sagten: »Du kennst uns nicht, aber wir wissen von dir und dem Verfahren gegen dich. Wir schämen uns dafür und stehen zu dir.«

Das eine waren deine Kolleginnen und Kollegen, das andere der Arbeitgeber und die Vorgesetzten. Wie sind sie mit der Situation umgegangen?

Im Prinzip genauso. Als ich im Gefängnis war, haben viele Kolleginnen und Kollegen versucht, meine Kündigung zu verhindern. Aber der

Klinikvorstand und mein damaliger Chefarzt hatten gar nicht die Absicht, mir zu kündigen. Man hatte sogar Unterschriften gesammelt und Briefe geschrieben an das Innenministerium und an das Außenministerium. Das habe ich alles im Nachhinein erfahren.

Und unmittelbar nach der Entlassung hat mich mein Chefarzt, Herr Prof. Dr. Hillemacher, nur gefragt: »Wo fangen Sie an? Wann fangen Sie an? Ganz wie Sie wollen.« Das war ein sehr schöner Moment. Natürlich habe ich Angst gehabt, nach drei Jahren ohne Berufspraxis, ob ich das hinkriege. Aber die Kolleginnen und Kollegen haben mir geholfen: »Banu, du schaffst das schon.« Sie haben mich motiviert und mir geholfen.

Du bist ja bei einem städtischen Klinikum angestellt, die Stadt Nürnberg ist dein Arbeitgeber. Einerseits hast du in der Klinik sehr viel Unterstützung erfahren, andererseits betrieb die hiesige Ausländerbehörde deine Abschiebung. Wie erklärst du dir das, kannst du dir das überhaupt erklären?

Ich kann es mir erklären. Ich bin Sozialistin und weiß, der Staat dient der Herrschaft. Und der Staatsapparat natürlich auch. Und davon ausgehend auch die Polizei, die Gerichte, die juristischen Strukturen und alles andere. Aber dort arbeiten auch Menschen, die von dieser Struktur unabhängig oder teilweise unabhängig sind. Und deswegen ist diese paradoxe Haltung gut zu verstehen.

Der Staat will sich schützen gegen Kommunisten oder »Revolutionäre gegen das System«. Und dabei muss er hart vorgehen, denn er hält uns für gefährlich. Aber es gibt eben immer noch Menschen, die für eine andere, bessere Welt träumen. [Sie sagt »*für* eine bessere Welt träumen«, nicht »*von* einer besseren Welt träumen«, ich glaube, das ist ein wichtiges Detail; Anm. d. Autors.] Menschen wie mich, vielleicht mit unterschiedlichen Weltanschauungen. Aber trotzdem haben wir gemeinsame Träume und das verbindet uns. Ich verstehe, was da passiert ist, ich kann es mir erklären. Aber es ist natürlich nicht angenehm, sondern seltsam. Und skandalös.

Nürnberg ist – in kritischer Erinnerung an den Nationalsozialismus und die Rolle der Stadt Nürnberg in dieser Zeit – selbsternannte »Stadt der Menschenrechte«. Und die Mahnwachen gegen deine

»Schandurteil einem Tyrannen zuliebe«, Mahnwache für Banu Büyükavci,
Kornmarkt, Nürnberg, 30.12.2020

**Abschiebung fanden unmittelbar an der Straße der Menschenrechte
statt. Ist eine dir drohende Abschiebung da nicht paradox?**

Ich finde das wirklich sehr schade, und ... *(macht eine Pause)* ... ja, das
schadet dem Glauben der Menschen an eine gute oder bessere Welt.
Trotzdem gibt es Menschen, die Unrecht verhindern wollen und etwas
dagegen tun.

Die Situation war und ist für mich natürlich nicht angenehm. Andererseits finde ich es gut, dass die Menschen in Nürnberg und in Deutschland sehen: Worum geht es da überhaupt?

Heute geht es gegen mich. Aber wie kann man sicher sein, dass es
morgen nicht gegen andere geht?

**Ich möchte mit dir jetzt über deine Inhaftierung und den Pro-
zess sprechen und dabei ganz am Anfang beginnen. Was ist überhaupt passiert?**

An diesem 15. April 2015 war ich ganz normal in der Arbeit. Etwa um
17 Uhr bin ich gegangen. Wir hatten 2013 in Nürnberg einen migrations-

politischen Kongress zum Thema Rassismus organisiert – mit Unterstützung des Nürnberger Amtes für Kultur und Freizeit. Im Jahr 2015 wollten wir zu diesem Thema einen zweiten Teil machen, denn der erste Kongress war auf große Resonanz gestoßen und allseits gelobt worden, auch von Seiten der Stadt Nürnberg. Daher haben wir uns gedacht, machen wir doch einen zweiten Teil. Also traf ich mich mit einem Freund und Kollegen von ver.di, um mit ihm über die neue Veranstaltung zu sprechen. Wir haben uns in einem Café in der Nähe des Nürnberger Nordklinikums getroffen – er, ich und eine Freundin von mir. Ich habe ihm erzählt, was wir beim ersten Kongress gemacht haben, ihm eine Broschüre über diesen Kongress gegeben und ausführlich davon erzählt. Es war eine gute Unterhaltung, ein guter Austausch.

Irgendwann haben wir auf der Straße Polizeiautos gesehen. Wir saßen draußen, es war ein richtig schöner, warmer Tag. Und dann, was ist da los? Einer meinte:»Vielleicht hat jemand falsch geparkt und das Auto soll abgeschleppt werden.« Meine Freundin fragte gleich:»Habe ich etwa falsch geparkt?« Da erwiderte der Kollege von ver.di:»Das sieht aber nicht nach dem Abschleppen eines Falschparkers aus.« Und schon kamen richtig viele Polizeiautos auf das Café zu, von der Seite traten zwei Zivilpolizisten an unseren Tisch und sagten zu mir:»Frau Büyükavci? Dilay Banu Büyükavci?« – »Ja.« – »Können Sie bitte mitkommen?« – »Was ist denn los?« – »Wir haben einen Haftbefehl gegen Sie.« – »Aha, okay.« Ich dachte zunächst, das ist bestimmt ein Missverständnis. Mein Handy lag auf dem Tisch und ich wollte es einpacken. Das hat der Polizist mir jedoch nicht erlaubt. Und nach meiner Tasche durfte ich auch nicht greifen. Oh, dachte ich mir, das ist jetzt etwas Ernstes.»Das wird alles geklärt«, meinte ich noch zu meiner Freundin,»ich komme gleich wieder zurück.«

Es war natürlich schrecklich – sehr viele Menschen saßen draußen und haben alles beobachtet, aber ich habe niemanden angeschaut. Die Polizisten waren höflich, sie sind mit mir zu einem Polizeiauto gegangen und dort wollten sie mir dann Handschellen anlegen. Ich habe sie gefragt:»Was soll das?« – »Leider ein Haftbefehl wegen Mitgliedschaft in einer terroristischen Organisation.« – »Was?« Und schon wurden mir Handschellen angelegt.

Erst nach drei Jahren bin ich dann wieder nach Nürnberg zurückgekommen.

**Wahnsinn. »Mitgliedschaft in einer terroristischen Organisation«
ist ja insofern eine seltsame Anklage, weil die Partei, der du angeblich angehörst, die in der Türkei verbotene TKP/ML, in Deutschland
zwar vom Verfassungsschutz beobachtet wird – hier jedoch nicht
verboten ist.
Hast du eine Vorstellung, wie die Justiz gerade auf dich gekommen ist?**

Nicht auf mich, auf uns! Wir waren zehn Angeklagte. Die haben uns
jahrelang abgehört und dann behauptet, wir seien die Köpfe einer terroristischen Organisation.

Als ich auf das Polizeirevier gebracht wurde, hat man mir den Haftbefehl gezeigt, insgesamt 60 Seiten. Beim Durchblättern habe ich dann
die Namen meiner Genossen gesehen und angebliche Protokolle unserer
Versammlungen. Da habe ich mir gedacht, okay, das wird ein bisschen
länger dauern. Aber ich war immer ruhig. Und ich habe natürlich auch
nicht sofort verstanden, was man uns alles vorwirft.

Und dann warst du sehr lange in Untersuchungshaft.

Drei Jahre. Der Prozess fand in München statt.

**Fangen wir mit der Untersuchungshaft an. Was hast du in dieser
zeit im Gefängnis Stadelheim in München erlebt?**

Nach unserer Festnahme wurden wir für eine Nacht nach Karlsruhe
gebracht und am nächsten Tag dem Richter vorgeführt. Da war ein Übersetzer dabei, der hat vorgelesen und vorgelesen, und dann fiel plötzlich
das Wort »Isolationshaft«. Ich glaube, der Übersetzer war ein netter
Mann und hatte sogar Mitleid mit uns, weil Isolationshaft einfach hart ist
– den ganzen Tag alleine eingesperrt, bis auf eine Stunde Hofgang – dennoch war ich total sauer auf ihn, obwohl er ja gar nichts dafür konnte.

Aber meine Wut gegen ihn ist nicht schlimm gewesen und schnell
wieder vergangen. Ich habe nur zu ihm gesagt: »Wissen Sie, dass in der
Türkei Regierungsgegner verfolgt, eingesperrt und gefoltert werden ...
Ich habe nur eine Bitte an Sie: Wenn Sie meine Genossen sehen, sagen Sie
ihnen, dass es mir gut geht. Ich bin die einzige Frau unter den Angeklag-

ten und die jüngste.« Ich dachte, dass sich meine Genossen Sorgen um mich machen würden.

Unterwegs habe ich mir dann gedacht, okay, jetzt kommt die Isolation – was bedeutet das? Ich hatte schon darüber gehört von in der Türkei inhaftierten Menschen. Und dann kam ich ins Gefängnis und sollte mich nackt ausziehen, da habe ich gesagt, dass ich das nicht will und mich geweigert. Da waren die Beamtinnen ganz erstaunt, dass sich jemand dagegen wehrt, das kommt wohl nicht so oft vor.

Eine Sache muss ich noch erzählen: Ich war am Tag zuvor ja noch in der Arbeit und hatte mich dafür ein wenig schick gemacht und ein bisschen geschminkt. Ich hatte also immer noch meine Blümchenklamotten an und sah recht adrett aus. *(lacht)* Als wir dann in Stadelheim angekommen sind, war das Personal in der Frauenabteilung wohl schon vorab darüber informiert worden, dass jetzt eine Terroristin zu ihnen gebracht wird. Keine Ahnung, was sie erwartet haben, wer da zu ihnen kommt und in welcher Aufmachung.

Als sie mich dann zum ersten Mal leibhaftig gesehen haben, waren sie auf jeden Fall völlig baff und haben unbezahlbar geschaut. Eine Beamtin fragte mich:»Sind Sie die Terroristin aus der Türkei?« – »Ja«, habe ich gesagt,»ich bin die Terroristin.« Ich glaube, die haben so geschaut, weil sie eine ganz schlimme Terroristin erwartet haben – vielleicht eine vom Islamischen Staat, vom IS. Sie waren sehr erleichtert, dass das nicht der Fall war.

Dann bin ich in meine Zelle gekommen und hab mich ein wenig umgeschaut. Ich habe gesagt, ich bin sehr müde, ich muss jetzt schlafen. Eine komische Type bin ich, ich schlief gut.

Am nächsten Tag habe ich ein bisschen aus dem Fenster geschaut. Dann ist eine Beamtin gekommen, sie wollte mir helfen und hat mir gesagt, dass es hier Bücher gibt. Aber leider war meine Zellentür verschlossen und ich konnte nicht jederzeit raus. Ich konnte nur raus, wenn die Zellen der anderen Frauen alle verschlossen waren. Dann konnte ich auch mal duschen. Das war alles nicht so einfach. Zehn Minuten oder 15 Minuten lang war meine Tür offen. Wenn ich Glück hatte und die Beamten viel Zeit hatten, konnte ich duschen und mein Geschirr in der Küche

Blick aus einer Zelle in den Innenhof der Justizvollzugsanstalt Stadelheim
München

spülen – das war richtig Luxus. Denn die Dusche und die Küche waren
ein Stück weit von meiner Zelle entfernt und ich durfte bis dahin gehen.
Das war sehr interessant, das hat sich wie Luxus angefühlt, weil ich mal
was anderes gesehen habe. Ich habe immer so viel wie möglich herum-
geschaut, damit ich von der Isolation nicht dumm werde. Monatelang
war das so.

Am 15. April wurden wir verhaftet und am 16. April war mein erster
Tag in Stadelheim. Dann kamen der Erste Mai und der 18. Mai – der Todestag von İbrahim Kaypakkaya, dem türkischen Revolutionär und Gründer der TKP/ML. Also habe ich mir gesagt, ich werde den 18. Mai hier begehen, egal wie. Und dann dachte ich daran, dass er mit 24 Jahren unter
Folter getötet worden ist und es heute immer noch Folter gibt in der Türkei. Die Menschen werden verhaftet, isoliert und gequält. Dagegen muss
etwas getan werden. Aber im Hinterkopf hatte ich auch die Frage, wie
lange meine Haft wohl dauern wird – ein Jahr, zwei Jahre, drei Jahre …

»Das ist egal«, sagte ich mir, »ich fange jetzt an, Maßnahmen zu treffen, dass ich gesund bleibe. Psychisch und körperlich.« Ich habe im Kopf
erst mal alles organisiert. Lieder habe ich aufgeschrieben und einige Reden, als ob ich auf der Ersten-Mai-Demo wäre. Ich habe mir gesagt, ich

will das machen, das ist meine Pflicht. Und am 18. Mai muss ich einen Gedenktag machen für İbrahim Kaypakkaya, zumindest im Kopf, er ist mein Genosse. So habe ich angefangen, mich zu organisieren, das hat mir sehr geholfen.

Und ich habe Lieder gesungen, habe versucht, mich an möglichst viele Lieder zu erinnern, und ich habe Erinnerungen hervorgekramt und mir Träume ins Gedächtnis gerufen, immer wieder, damit ich ja nichts vergesse. Und mir gesagt, viele Menschen haben viel Schlimmeres erlitten. Deswegen habe ich Glück und muss das alles überstehen, ohne zu jammern. Ich darf nicht jammern, das schadet der Sache. Viele Menschen werden aktuell gefoltert und geschlagen. Nicht nur politisch engagierte Menschen oder Revolutionäre, sondern auch ganz normale Menschen in der Türkei oder in anderen Ländern, sie werden vergewaltigt, verkauft, versklavt. Und deswegen wäre das eine Schande, wenn ich jammere.

Ich habe zu mir gesagt:»Selbst wenn ich monatelang, vielleicht sogar jahrelang isoliert werde, werde ich mich nicht beugen und unsere Ideale von einer schönen und freiheitlichen Zukunft nicht aufgeben.« Ich wurde zwar isoliert, aber ich habe mich nicht einen einzigen Tag, nicht einen einzigen Moment alleine gefühlt – unsere Freundinnen und Freunde, unsere Genossen, Genossinnen und unsere Familien waren stets bei mir. An vielen Orten in Europa forderte man bei Solidaritäts- und Unterstützungsaktionen unsere Freilassung. Außerdem wurde mit Tausenden von Briefen und Postkarten, die wir erhielten, zum Ausdruck gebracht, dass man an unserer Seite steht.

Wir, die wir den Wunsch nach einer besseren Zukunft in uns tragen, haben gelernt, unter allen Bedingungen und Gegebenheiten unser Bewusstsein, unsere Überzeugung, unsere Gefühle und unsere Sehnsüchte lebendig und unversehrt zu halten.

Du hast in der Zelle also mit deinem Gehirn gearbeitet. Mit dem, an das man sich erinnert. Ab wann hast du mehr tun können? Du sagst, es hat auch Bücher gegeben im Gefängnis. Was hast du dort gelesen?

Ich habe mir Bücher bestellt aus der Gefängnisbibliothek. Aber bis die bestellten Bücher da waren, habe ich im Aufenthaltsraum die dort

86

vorhandenen Bücher gelesen. Erst mal einen Liebesroman, das hat mir gutgetan. *(lacht)*
Und dann hat mir eine Beamtin eine Liste gegeben mit türkischer, deutscher und anderssprachiger Literatur. Und ich habe mir die türkischen Titel angeschaut – Bücher von Orhan Kemal, Yaşar Kemal, Kemal Tahir und Can Dündar –, lauter revolutionäre oder gute Schriftsteller, die alle in der Türkei im Gefängnis gesessen sind.
Die Hälfte dieser Bücher hatte ich früher schon einmal gelesen, in meiner Jugend oder später an der Universität. Aber einmal eingespannt in den beruflichen Alltag hat man kaum noch eine Chance, viele Bücher zu lesen. Also habe ich mich tatsächlich ein bisschen gefreut und als erstes *Fikrimin İnce Gülü* von Adalet Ağaoğlu gelesen – ein Buch über eine Migrantin, über ihre Fahrt von Deutschland zurück in ihre Heimatstadt in der Türkei, alles war sehr genau beschrieben. Auch ihre Fahrt durch die Grenzstadt Edirne – alle Migranten müssen da durch. Als ich die Passage über Edirne, meine Heimatstadt, gelesen habe, hat mich das sehr traurig gemacht und ich habe eine tiefe Sehnsucht gespürt. Dann habe ich von Can Dündar *Yüzyılın Aşkları* (deutsch: *Verliebte des Jahrhunderts*) gelesen, ein gutes Buch, und ihm gleich einen Brief geschrieben und ihm erzählt, wie sehr mir sein Buch geholfen hat in der Gefangenschaft.
Ich habe mich sehr gefreut über die Gedichte von Nâzım Hikmet, einem Idol der türkischen revolutionären Bewegung. Die Gedichte von Hikmet sind meine Lieblingsgedichte, einige habe ich gleich meinem Mann geschickt: »Sinan, schau, was ich hier gefunden habe.«
In der Isolationshaft sind solche Kleinigkeiten sehr wichtig. Ein Gedicht, ein Lied, ein Stift, etwas Farbiges – und so weiter. Denn du hast sonst nichts und es passiert auch nichts.
Isolation ist eine sehr subtile Form der Folter. Ich habe das ausgehalten, weil ich mich auch als Psychiaterin viel mit diesem Thema auseinandergesetzt und in Stadelheim versucht habe, die Isolationshaft als Experiment am eigenen Leib zu sehen und zu reflektieren, was das mit mir macht und was ich dagegen tun kann.
Daher habe ich von Alexandre Dumas *Der Graf von Monte Christo* gelesen ...

... wo es um einen Ausbruch aus dem Gefängnis geht ...
... ja, davon habe ich geträumt.

(beide lachen)

Lass mich an dieser Stelle und am Beispiel der von dir genannten Schriftsteller einen Exkurs einschieben über die sogenannte »Gefängnisliteratur«. Die Geschichte der türkischen Literatur ist nämlich auch eine Geschichte der Gefangenenliteratur. Nâzım Hikmet, einer der bedeutendsten türkischen Dichter und Schriftsteller des 20. Jahrhunderts, wurde schon 1928, im Alter von 26 Jahren, wegen seiner Mitgliedschaft in der TKP für acht Monate interniert, und dann von 1933 bis 1935 für zwei Jahre in Bursa, wo er *Das Epos von Scheich Bedreddin* verfasste. 1938 wurde er von einem Kriegsgericht zu weiteren 15 oder 28 Jahren Haft verurteilt, die Quellen hierzu widersprechen sich. In den folgenden Jahren übersetzte Hikmet im Gefängnis Lew Tolstois *Krieg und Frieden* ins Türkische und wurde 1950 nach einem Hungerstreik und internationalen Protesten im Rahmen einer Generalamnestie begnadigt.

Der letzte Vers von *Davet* (deutsch: Einladung), einem von Hikmets berühmtesten Gedichten, lautet:»Yaşamak bir ağaç gibi / tek ve hür ve bir orman gibi / kardeşçesine, / bu hasret bizim.« (»Das Leben ist wie ein Baum / allein und frei wie im Wald / doch als Brüder / das ist unsere Sehnsucht.«)

1938 wird der kurdische Schriftsteller Kemal Tahir vor dem Kriegsgericht der Marine gemeinsam mit Hikmet verurteilt. Man beschuldigt beide der»Verbreitung von Aufruhr« gegen die Streitkräfte. Tahir saß in Gefängnissen in Çankırı, Malatya, Çorum, Nevşehir und Kırşehir. Hikmet trifft ihn in den 1930er-Jahren im Gefängnis. Nach 12 Jahren wird Tahir ebenso wie Hikmet im Zuge der Generalamnestie begnadigt. 1955 sitzt er für weitere sechs Monate im Militärgefängnis Harbiye.

Der Schriftsteller Orhan Kemal wird von 1938 bis 1943 ins Gefängnis geworfen – wegen seiner politischen Einstellung und dem Lesen der falschen Texte (nämlich von Maxim Gorki und Nâzım Hikmet). Im Gefängnis in Bursa trifft er auf Hikmet und sitzt dreiein-

Ankunft des aus der Türkei emigrierten Schriftstellers
Nâzım Hikmet (1902–1963) in Moskau, 29.6.1951

halb Jahre mit ihm zusammen in einer Zelle, woraus Kemals später
ins Englische übersetzte Buch *In Jail with Nâzım Hikmet* erwächst.
Die abgedruckten Gedichte von Hikmet sind die erinnerten Texte,
die Orhan Kemal in seinem Buch zu Papier brachte, Hikmet hatte
sie seinerzeit auf Russisch verfasst. Orhan Kemal wird 1966 ein
weiteres Mal eingesperrt, für zwei Monate in Istanbul.

Der kurdische Schriftsteller und Dichter Yaşar Kemal wird 1940
das erste Mal von drei Malen inhaftiert. Um 1950 bekommt er die
zweite Haftstrafe wegen kommunistischer Aktivitäten. 1986 erhält
er den renommierten Orhan-Pamuk-Literaturpreis. 1995 wird er zu

20 Monaten Haft wegen separatistischer Propaganda verurteilt, das Urteil wird später in eine Bewährungsstrafe umgewandelt.

Auch der Dichter Ahmed Arif, Sohn eines türkischstämmigen Offiziers und einer kurdischen Mutter, saß zwischen 1950 und 1952 aus politischen Gründen im Gefängnis. Er gilt als einer der meistgelesenen Lyriker der Türkei.

1995 schreibt der Journalist und Schriftsteller Ahmet Altan für die Zeitung *Milliyet* mehrere kritische Artikel. Einer befasst sich mit dem Gedankenspiel, wie die Türkei heute wohl aussähe, wenn Mustafa Kemal Kurde gewesen wäre. Dafür wurde er entlassen und zu einer Haftstrafe von 18 Monaten verurteilt, die erst nach einer Klage vor dem Europäischen Gerichtshof für Menschenrechte aufgehoben wurde. 2010 gründete Altan seine eigene Zeitung, um kritische Berichterstattung zum Völkermord an den Armeniern und der Unterdrückung der Kurden zu ermöglichen. Kurz nach dem gescheiterten Putschversuch gegen Erdoğan im Juli 2016 wurde er zusammen mit seinem Bruder festgenommen und wegen Terrorunterstützung zu lebenslanger Haft verurteilt. Sein Bruder wurde 2018 freigelassen, Ahmet Altan im April 2021, nachdem ein türkisches Berufungsgericht die Klage fallen ließ. 2019 erhielt er in Abwesenheit den Geschwister-Scholl-Preis, ausgezeichnet wird hier jährlich ein Buch, »das von geistiger Unabhängigkeit zeugt und geeignet ist, bürgerliche Freiheit, moralischen, intellektuellen und ästhetischen Mut zu fördern und dem gegenwärtigen Verantwortungsbewusstsein wichtige Impulse zu geben.«

Der Schriftsteller Orhan Pamuk, seit 1983 Träger des Orhan-Kemal-Literaturpreises, wurde 2005, kein Jahr vor der Verleihung des Literaturnobelpreises, von einem Istanbuler Bezirksstaatsanwalt wegen Verstoß gegen den Artikel 301 des türkischen Strafgesetzbuches der sogenannten »öffentlichen Herabsetzung des Türkentums« angeklagt. Der Prozess begann am 16. Dezember 2005, wurde jedoch wegen offener Verfahrensfragen auf Februar 2006 vertagt. Gegen den Prozess protestierten unter anderen Amnesty International und zahlreiche Schriftstellerorganisationen sowie der damalige Präsident des Deutschen Bundestages, Norbert Lammert. Das Verfahren gegen Pamuk wurde am 22. Januar 2006 zunächst eingestellt. Nach Wiederaufnahme des Verfahrens wurde Pamuk zu einer Schadenersatzzahlung in Höhe von 6.000 türkischen Lira an sechs Kläger verurteilt, die sich durch seine Äußerungen zum Völkermord an den Armeniern beleidigt fühlten.

Dieser Exkurs ist schrecklich, aber auch bezeichnend …

… und leider noch nicht zu Ende. Der Journalist und Schriftsteller Can Dündar wurde 2015 verhaftet, 2016 wegen der Veröffentlichung von Staatsgeheimnissen angeklagt und zu fünf Jahren und zehn Monaten Haft verurteilt. Er reiste 2016 nach Deutschland aus. Das höchste türkische Revisionsgericht urteilte 2018, dass die Strafe zu milde sei, weil Dündar auch wegen Spionage angeklagt werden müsse. 2020 wurde er in Abwesenheit zu 18 Jahren und neun Monaten Haft verurteilt.

Diese Beispiele zeigen, dass in der Türkei jedem Kulturschaffenden Gefangenschaft droht, unabhängig von seiner internationalen Reputation. Der Prozess gegen Pamuk wurde glücklicherweise fallengelassen, in den 100 Jahren zuvor hatten einige bedeutende Literaten der Türkei aber weniger Glück: Orhan Pamuk nennt in einer seiner Reden İlhan Sami Çomak, der im Alter von 19 Jahren inhaftiert wurde aufgrund des Vorwurfs, Mitglied einer Terrororganisation zu sein: »Ein kurdischer Dichter, den der PEN Wales zum internationalen Ehrenmitglied ernannt hat (…) In seiner Zeit im Gefängnis wurden von ihm acht Gedichtbände veröffentlicht. Seine Gedichte wurden ins Englische, Russische, Norwegische und Walisische übersetzt. Zwischen den vier Wänden, in denen er eingesperrt ist, erweckt er weitere Verse zum Leben.«

Gibt es Verse oder Zeilen, die dir während deiner Zeit im Gefängnis geholfen haben?

Ja, zum Beispiel ein Satz meines Vaters. Mein Vater war gewiss kein Revolutionär. Aber er war Gewerkschafter und sehr hartnäckig, gerade was Gerechtigkeit anbelangt. Immer wieder wurde er deshalb vertrieben und versetzt. Obwohl er selbst dachte, dass er ein Nationalist sei. Ich glaube das aber nicht. Meiner Meinung nach war er ein fortschrittlicher Mensch, so wie meine sozialdemokratische Mutter und zum Teil auch mein kommunistischer Onkel. Denn er hatte eine Haltung. Als er Personalleiter war, hat er an seiner Arbeitsstelle einen Satz groß an die Wand geschrieben:»Wenn du brichst, kannst du umfallen. Aber du darfst nie das Knie beugen.« Diesen Satz habe ich in der Zelle immer wieder vor meinem inneren Auge gesehen.

Und ich hatte die Gedichte türkischer Dichter. Sie habe ich in meiner Zelle aufgehängt, ich habe sie aber auch abgeschrieben und verschickt an Sinan und die anderen Genossen. Weil diese Gedichte erzählen, warum wir so sind, wie wir sind.

Etwa dieses Poem von Ahmed Arif:»Stürze nicht in dich zusammen / So elend und so fremd / Wo du auch bist / Im Verlies und auf der Straße, im Hörsaal, in der Menge / Beuge dich nicht – Sei Widerstand / Spuck' ihm ins Gesicht / Dem Speichellecker, dem Intriganten, dem Verräter / Sei Widerstand mit deinem Wissen / Sei Widerstand mit deinem Tun / Sei Widerstand mit Haut und Haaren / Mit Hoffnung, Liebe, deinem Traum / Sei Widerstand, enttäusche mich nicht.«

Oder dieses schöne Gedicht von Nâzım Hikmet:»Du musst das Leben ernst nehmen, / und zwar so sehr und so unermesslich, / dass du zum Beispiel mit hinter dem Rücken gebundenen Händen / und dem Rücken an der Wand / oder mit deinen riesigen Brillen und in deinem weißen Hemd / in einem Labor für Menschen sterben kannst. / Und zwar für Menschen, die du nie in deinem Leben gesehen hast, / und zwar ohne dass dich irgendjemand dazu gezwungen hätte, / und zwar als wüsstest du, dass das Leben die schönste und / wahrhaftigste Sache ist. / Das heißt, du musst das Leben so ernst nehmen, dass du sogar mit / siebzig zum Beispiel noch einen Olivenbaum pflanzt, / und zwar nicht um ihn deinen Kindern zu hinterlassen, / sondern weil du nicht an den Tod glaubst, obwohl du davor Angst hast, / und zwar nur weil das Leben mehr wiegt.

Ja, das sind gute Gedichte!

Nachdem Karl Liebknecht am 1. Mai 1916 bei einer Demonstration auf dem Potsdamer Platz in Berlin»Nieder mit dem Krieg, nieder mit der

Ahmed Arif (1927–1991)

Regierung« proklamiert hatte, wurde er verhaftet, wegen Hochverrat angeklagt und zuerst zu zweieinhalb und dann zu vier Jahren und einem
Monat Zuchthaus verurteilt. Hinzu kamen die Ausstoßung aus dem Heer
und die Aberkennung der bürgerlichen Ehrenrechte, womit Liebknecht
das Wahlrecht verlor, nicht mehr als Rechtsanwalt arbeiten konnte und
sein Reichstagsmandat verlor, worauf er dem Gericht zurief: »Kein General trug je eine Uniform mit so viel Ehre, wie ich den Zuchthauskittel
tragen werde.«

**Du warst in Isolationshaft, und davor und danach in Untersu-
chungshaft. Gab es Begegnungen mit anderen Gefangenen?**

Ich konnte niemanden kennenlernen, keine Chance. Weil du fast
immer in der Zelle bist, und wenn du mal draußen bist, sind die anderen

drinnen. Das war hart, und schwer zu akzeptieren. Denn man braucht zwischenmenschliche Kontakte und ich wusste, dass sich meine geistigen Funktionen verändern werden, wenn die Isolation lange dauert, ich hatte ja nur Kontakt zu den Beamtinnen und Beamten. Ich habe dann einen Antrag auf psychologische Betreuung gestellt, und auch auf seelsorgerische. Ansonsten nur Beamtinnen und Beamte.

Ab und zu habe ich Menschen gesehen, wenn ich Hofgang hatte. Es gab nämlich eine Kirche, die an den Hof gegrenzt hat. Und von der einen Seite ist immer ein Seelsorger gekommen und in den Kircheneingang gegangen. Manchmal habe ich ihn kommen sehen. Wenn ich aber gerade auf der anderen Seite des Hofs war, hatte ich keine Chance, Hallo zu sagen. Aber wenn ich auf der richtigen Seite des Hofs war und Hallo sagen konnte, das war super.

Dieses freundliche Erlebnis, dieses »Hallo« blieb den ganzen Tag. Es hat für 24 Stunden alles ausgefüllt. Weil es anders war als das »Hallo« der Beamten.

Und es gab ein Putzkommando. Putzkommando heißt, das sind Gefangene. Meistens waren es zwei junge Frauen. Die haben auch die Kirche geputzt und sind danach wieder aus der Kirche in den Hof gekommen. Eine dieser Frauen hat immer einen Wagen mit Putzmitteln über den Hof gefahren. Der Hof war ziemlich groß, und wenn ich gerade etwas weiter weg war, habe ich mir immer gedacht: Scheiße. Aber sie hat absichtlich langsam getan und gewartet, bis ich wieder in der Nähe war. Dann konnte ich sie grüßen, das war natürlich toll. Diese junge Frau war drogenabhängig, aber clean. Sie war ein, zwei Jahre in Stadelheim. Dann habe ich erfahren, dass sie gestorben ist, kurz nach ihrer Entlassung, das war sehr traurig für mich, weil ich ihr nach der Lockerung der Isolation nicht mehr sagen konnte, was mir die Begegnungen mit ihr bedeutet haben, wie wertvoll sie waren.

Später habe ich das dem Seelsorger erzählt, mit dem ich damals viele Gespräche geführt habe, er hieß Norbert, und Norbert hat dann zu mir gesagt: »Mist, wenn ich das gewusst hätte, hätte ich im Hof auf dich gewartet.«

Über was habt ihr gesprochen?

Ich habe ihm erzählt, wie es in mir aussieht. Dass ich immer daran denken muss, wie mein Vater Ende September 2014 gestorben ist. Ich war damals bei ihm, er ist erst gestorben, wurde dann reanimiert, und ist dann noch einmal gestorben.

Ich habe alles miterlebt, aber ich konnte mich nicht verabschieden, weil ich Angst hatte. Meine Mutter war da und ich stand hinter meiner Mutter, es war so ein komisches Gefühl. Ich war zwar eine promovierte Ärztin, aber ich hatte Angst. Und habe immer bedauert, dass ich nicht zu ihm hingegangen bin und seine Hand gehalten habe. Natürlich war ich bei ihm, wochenlang. Aber nicht im letzten Moment.

Und als der Doktor gekommen ist, war ich wie ein Stein, richtig hart, habe nicht einmal geweint. Ich hatte einen Schock, ein Trauma. Weil ich zweimal gesehen habe, wie mein Vater gestorben ist.

Bei der Beerdigung habe ich mit der Familie geweint, das hat gutgetan. Dann bin ich nach Deutschland gekommen, habe angefangen zu arbeiten, und alles war in Ordnung, nur ab und zu war ich traurig. Aber im Gefängnis kam alles wieder hoch. Ich sah meinen Vater vor mir, wie er starb ...ˈ

Dann habe ich alles dem Seelsorger erzählt. Er hatte auch eine Therapieausbildung, nicht nur eine religiöse. Also habe ich ihn gefragt:»Was soll ich machen?« Das war sehr interessant, weil ich mit meinen Patienten häufig Trauerarbeit gemacht habe. Ich wusste eigentlich genau, was zu tun war, aber ich konnte diese Kenntnisse nicht für mich verwenden.

Der Seelsorger hat lange mit mir gesprochen und dann gesagt:»Sie können sich jetzt von Ihrem Vater verabschieden.« Darauf habe ich erwidert:»Ich höre von den Christen immer ›verabschieden‹. Wie geht das denn?« Da meinte er:»Wenn Sie wollen, können wir das gemeinsam machen. Oder Sie schreiben Ihrem Vater einen Brief.« Also habe ich einen Brief geschrieben, in dem ich mich bei meinem Vater entschuldige. Und das war eine große Hilfe, denn ich hatte Schuldgefühle gegenüber meiner Familie. Das habe ich dem Seelsorger erzählt, aber auch, dass ich das als Revolutionärin verkraften kann, ja muss. Jeder türkische Revolutionär weiß, dass er inhaftiert oder getötet werden kann. Das ist mir bewusst und ich mache das freiwillig. Aber meine Mutter, mein Bruder oder meine Schwiegermama, die Familie von Sinan oder die Kinder meiner Cousine – sie alle leiden wegen mir. Das ist ein schreckliches Gefühl. Deshalb habe ich zu dem Seelsorger gesagt:»Ich darf diese Schuldgefühle nicht haben, aber sie sind da. Das beschäftigt mich und das behindert mich im Alltag. Was soll ich machen?« Da hat er mir erklärt, wie er das sieht:»Das ist ganz normal. Natürlich leiden diese Menschen. Es sind Eltern und Verwandte. Das ist nun einmal so.«

Dieser Seelsorger war super, ein ganz lieber Mann und eine ganz andere Art Mensch. Und er hat mir wirklich sehr geholfen. Wir haben auch über meinen Fall geredet, über die Revolution und über Gott. Und sogar über meine Vorurteile gegen Menschen mit religiösen Ansichten. Und wie ich diese Vorurteile überwinden kann, ganz oder teilweise. Das haben wir zusammen gemacht.

Ich habe immer gesagt:»Jesus ist mein Genosse. Er ist ein Märtyrer, der erste Märtyrer der revolutionären Bewegung.« Der Seelsorger war ganz schockiert. *(lacht)* »Ja, ja«, habe ich gesagt,»bei vielen Menschen bin ich mir nicht sicher, aber bei Jesus schon – Jesus lebte in Armut und handelte gegen Ungerechtigkeit, gegen die Herrschaft, und weil er sich nicht gebeugt hat, ist er ermordet worden. Und deswegen ist er ein Revolutionär.« Das denke ich wirklich.

Der Seelsorger hat mir in emotionaler Hinsicht sehr geholfen. Die Begegnungen mit ihm waren wichtig, ich habe akzeptieren müssen, dass ich auch ein Mensch bin mit Gefühlen, und diese Gefühle auch annehmen kann, dass ich weinen und darüber sprechen kann. Dieser Mensch hat mir das beigebracht.

Wie wurde die Isolationshaft dir gegenüber begründet?

Dass ich angeblich einer Organisation angehöre und mir über andere Gefangene theoretisch Nachrichten schicken lassen könnte in Form von Stiller Post. Nachrichten über geplante Aktivitäten. *(lächelt ironisch)* Oder über geplante Anschläge. *(lacht)* Obwohl es gar keine Vorwürfe gegen uns gab wegen solcher Sachen. Aber so etwas wollten sie verhindern. Oder dass ich angeblich Beweismaterial vernichten könnte. Zum Beispiel jemanden die Nachricht schicken, man solle bei mir zuhause etwas vernichten – also Verdunkelungsgefahr.

Blick in einen Zellengang der Justizvollzugsanstalt Stadelheim München

Du bist im Gefängnis nicht die ganze Zeit in Isolationshaft gewesen. Wie sind denn die anderen Gefangenen mit dir umgegangen, als sie zu Ende war?

Als ich in Isolationshaft war, sollte ich eine Umschlusspartnerin bekommen, das hat die Leitung organisiert. Das heißt, ein paarmal die Woche kam eine Frau zu mir, wir haben uns unterhalten und dann ist sie wieder gegangen. Von diesen Besucherinnen kannte ich niemanden, logisch.

Entschuldigung, jetzt fällt mir noch etwas ein, das ich unbedingt erzählen muss. Für kurze Zeit hat man mich aus Versehen aus der Isolationshaft entlassen. Zwei Wochen lang war ich isoliert. Dann kam eine Beamtin und sagte zu mir, dass die Isolationshaft aufgehoben sei. So bin ich für zwei Wochen aus der Isolation gekommen, was mir sehr gut getan hat.

In diesen zwei Wochen habe ich einige Menschen kennengelernt und durfte auch mal in den dritten Stock. Dort habe ich eine Frau getroffen, mit der ich mich gut verstand. Aber als wir am nächsten Tag zusammen auf den Hof gehen wollten, hieß es plötzlich:»Entschuldigung, das war ein Fehler, Sie müssen zurück in Einzelhaft.«

Am Tag zuvor hatte ich mit meinem Anwalt telefoniert:»Du, ich wurde aus der Isolation genommen.« –»Was?« –»Wie ich es gesagt habe. Die anderen auch?« –»Nein.« –»Wie kann das sein, dass so ein Fehler passiert?« Aber ich war dumm, habe darüber auch in meinen Briefen geschrieben und die wurden wohl von der Verwaltung kontrolliert. Also wurde man darauf aufmerksam, dass ich aus der Isolation genommen worden war. Wenn ich das nicht geschrieben hätte ...

... hätten die den Fehler vielleicht gar nicht bemerkt.

Ja. *(lacht)* Aber jetzt hatte ich ein paar Frauen kennengelernt, und der Frau, mit der ich mich etwas angefreundet hatte, habe ich dann auch erzählt, dass mich die anderen Gefangenen beim Hofgang immer beschimpft haben.

Warum bist du von den anderen beschimpft worden?

Zur gleichen Zeit wie ich war eine andere türkische Frau nach Stadelheim gekommen, der man vorwarf, dass sie ihr Kind nach der Geburt töten hatte wollen. Man hatte das Neugeborene auf der Flughafentoilette gefunden. Das kam sogar in den Nachrichten. Und als die anderen Gefangenen in den Nachrichten hörten, dass diese Türkin nach Stadelheim kommt, dachten sie, ich sei diese Frau, weil ich, ebenfalls eine türkische Frau, genau zu dieser Zeit nach Stadelheim kam und gleich in Isolationshaft gesperrt wurde.

Sie haben dich mit ihr verwechselt.

Als ich Hofgang hatte, schrie plötzlich jemand:»Du Kindsmörderin!« Ich habe das aber erst mal gar nicht auf mich bezogen. Es wurde aber weitergeschrien:»Kindsmörderin, Kindsmörderin!« Ich dachte mir nur, was soll denn das? Aber am nächsten Tag hat jemand Wasser über mich geschüttet, da wusste ich, dass ich damit gemeint war.

Ich habe das einer Beamtin erzählt, die gleich Strafen verhängt hat gegen die, die mich als»Kindsmörderin« beschimpft haben. Noch wichtiger aber war, dass diese Beamtin mir geholfen hat, die Frau im dritten Stock als Umschlusspartnerin zu bekommen. Dieser habe ich dann erzählt, dass ich keine Mörderin, sondern eine politische Gefangene bin.

Das hat sie unter den anderen Gefangenen weiterverbreitet und ab da hat man mich in Ruhe gelassen.

Diese Frau, meine Umschlusspartnerin, war gut für mich als Kontakt, aber auch sehr belastend, weil sie viele Probleme hatte. Ich musste sie therapieren. *(schüttelt den Kopf)* In der Isolation hilft das, es ist gut, etwas zu tun zu haben – egal was, und egal mit wem. Aber eigentlich war es mir doch zu viel. Sie war psychisch krank und hat nur geschimpft und andere beleidigt. Ich habe mir überlegt, ob ich ihr sagen soll, dass es mir reicht. Aber ich wollte ihr helfen und natürlich hat mir der Kontakt auch gutgetan während der Isolation.

Du warst im gleichen Gefängnis, in dem auch die Geschwister Scholl waren.

Ich habe immer den Gottesdienst besucht, den evangelischen und den katholischen, jeden Sonntag. Und ich war im Kirchenchor. *(grinst)* Ich bin zwar Atheistin, aber es war eine Möglichkeit, einmal aus der Zelle rauszukommen und Kontakt zu den anderen Frauen haben zu können.

Und eines Tages habe ich dann diese Fotos gesehen, die Fotos der Geschwister Scholl, und davor Blümchen und Kerzen. Ich kannte zwar ihre Geschichte, aber ich wusste nicht, dass es für sie im Gefängnis einen Gedenktag gibt, den 22. Februar, ihren Todestag. Norbert, der Seelsorger, hat uns dann die Geschichte der Geschwister Scholl und der »Weißen Rose« noch einmal ausführlich erzählt. Ich war schockiert, denn bei uns in der Moschee würde man nie über so etwas sprechen. Und ich war sehr berührt, es war so bewegend.

Ich dachte mir, oh Gott, die Scholl-Geschwister waren auch hier. Ich habe mich sehr gefreut, weil ich mir nie träumen hätte lassen, dass ich ihnen auf diese Art begegne. Für mich sind sie ebenso Revolutionäre – Genossinnen und Genossen.

Ich hatte immer Vorurteile gegen die Kirche oder gegen Christen. Aber dass in diesem Gottesdienst über die Geschwister Scholl gesprochen wurde, das wäre undenkbar in der Türkei. Und dann bin ich zurück in meine Zelle und habe mich plötzlich so frei gefühlt und meinen Genossen geschrieben: »Meine Zelle ist ein großer Garten.« Ich habe das wirklich so gefühlt. Ich habe mich wie in einem großen Garten mit Blumen gefühlt.

Hans Scholl (1918–1943), Sophie Scholl (1921–1943) und Christoph Probst
(1919–1943), Ostbahnhof München, 23.7.1942

Und wenn ich Briefe bekommen habe, habe ich immer geantwortet:
»Meine Zelle ist so, dass ihr alle, Genossen, Freunde, bei mir sein könnt.«
Ehrlich, ich habe das genau so gespürt. Ich war nicht mehr in einer Zelle,
sondern frei in meinen Gedanken und draußen.

Das ist beeindruckend.

Es hat mir unendlich weh getan, dass die Geschwister Scholl im Gefängnis Stadelheim mit der Guillotine hingerichtet wurden.

**Das war eines der schlimmsten Details. Aber auch der Prozess
und dieser fürchterliche Richter Roland Freisler.**

Ich hatte gegenüber den Geschwistern Scholl und ihren Freunden
auch Schuldgefühle. Ich durfte weiterleben, aber sie wurden geköpft.
Dass solch mutigen und guten Menschen so etwas geschieht. Ich sagte zu
mir, es ist eine Ehre für dich, dass du in Stadelheim bist, wo auch diese
tapferen Menschen waren. Ich versuchte mir vorzustellen, wie das ist,
wenn man in so einer Zelle sitzt und weiß, dass man in ein paar Tagen
geköpft wird. Ich habe immer versucht, mir das vorzustellen, und mir
dann gesagt: Du darfst nicht jammern.

Noch etwas hat mich sehr nachdenklich gemacht. Unsere Genossen haben eine große Kampagne gestartet, um auf unseren Fall aufmerksam zu machen. Da habe ich Fotos von Demonstrationen gesehen mit Menschen, die mein Foto in der Hand hielten neben Fotos von Rosa Luxemburg und den Geschwistern Scholl. Da habe ich mir gedacht, das geht doch nicht. Diese Menschen haben viel mehr geleistet und sind dafür getötet worden, während ich noch lebe.

Ich habe immer gesagt, dass ich rote Wangen kriege, wenn ich Fotos von Rosa Luxemburg und mir nebeneinander sehe. Denn das ist ungerecht gegenüber Rosa Luxemburg.

»Angeklagt sind wenige, gemeint sind wir alle!«

Dieses Verfahren war ein Ausnahmemandat

Manfred Rothenberger und Marian Wild im Gespräch mit Yunus Ziyal

Manfred Rothenberger: Sie haben Banu Büyükavci beim Prozess als Anwalt begleitet, wie sind Sie zu diesem Fall gekommen?
Yunus Ziyal: Konkret war es so, dass ich mit Banu, ohne sie persönlich gekannt zu haben, bereits einmal vorher zu tun hatte. Neben dem Strafrecht bin ich schwerpunktmäßig auch im Migrationsrecht tätig und kam mit Banu in Kontakt, als sie in ihrer Funktion als Psychiaterin die Tochter eines Mandanten von mir betreute.

So ist sie zu meiner Visitenkarte gekommen und an dem Tag, als sie verhaftet wurde, hatte ich abends einen Anruf auf dem Kanzleihandy: »Sie werden sich wundern, hier ist der Generalbundesanwalt, wir haben eine Verhaftete, die mit Ihnen sprechen möchte.« Da war Banu schon mit dem Gefangenentransporter von Nürnberg nach Karlsruhe gebracht worden zur Vorführung beim Haftrichter, dem Generalbundesanwalt am BGH in Karlsruhe, und hat nach einem Anwalt verlangt. So sind wir zusammengekommen.

Wenn es sich um eine Terrorismusanklage handelt, liegt die Zuständigkeit eben bei der in Karlsruhe angesiedelten Bundesanwaltschaft. Und wenn die staatlichen Verfolgungsbehörden der Meinung sind, ein großes Theater machen zu müssen, fliegen sie die Leute auch gern mal mit dem Hubschrauber da hin, wie das im November 2020 bei Lina E. aus Leipzig der Fall war.

Den Hubschrauber hat man bei Banu zwar nicht für nötig befunden, aber auch sie musste erst mal nach Karlsruhe zur Haftrichtervorführung. Danach ging es aber dorthin, wo mutmaßlich das Verfahren stattfinden

Yunus Ziyal, 2018

würde. Und da der Schwerpunkt der Verhaftungen in Bayern war, wurde das Verfahren in Bayern geführt und Anklage erhoben beim Oberlandesgericht in München.

Zwei Tage nach ihrer Verhaftung habe ich Banu dann zum ersten Mal gesehen, als ich sie in der Justizvollzugsanstalt Stadelheim besucht habe.

Marian Wild: Mich hat überrascht, dass sie in Stadelheim gelandet ist, wo damals auch Beate Zschäpe inhaftiert war.

Wir haben in Bayern etwa 15 Haftanstalten mit unterschiedlichen Schwerpunkten, je nach Haftgrund, Alter und Geschlecht. Teil der Justizvollzugsanstalt München ist die Frauenabteilung in Stadelheim. Und Frau Zschäpe war da, weil der Generalbundesanwalt sich dazu entschieden hatte, sie vor dem Oberlandesgericht München anzuklagen. In unserem Fall ging es ja nicht nur um Banu. Sie war eine von zehn Angeklagten und diese waren verteilt auf verschiedene Haftanstalten, unter anderem Crailsheim, Augsburg und Landshut.

Und vielleicht noch eins, ich bin nicht *der* Rechtsanwalt von Banu, sondern *einer* ihrer Anwälte, mein Kollege Dr. Stolle aus Berlin kam noch hinzu, als klar war, dass das Oberlandesgericht nicht nur einen, sondern zwei Pflichtverteidiger pro Mandanten bestellen wird.

Manfred Rothenberger: Ich habe mir mal den Wikipedia-Eintrag zu Banus Partei – der TKP/ML – angeschaut. Da steht, dass das Ziel der TKP/ML der bewaffnete, revolutionäre Umsturz der türkischen Regierung sei. War das die Grundlage für die Anklage?

Grundlage der Anklage sind § 129a bis § 129b StGB, die in vielerlei Hinsicht eine Besonderheit im deutschen Strafrecht darstellen. Es handelt sich hier um die sogenannte »Vereinigungsstrafbarkeit«, genauer dann unter § 129a um die »Bildung terroristischer Vereinigungen« – und noch genauer um »Kriminelle und terroristische Vereinigungen im Ausland« laut § 129b.

Aus der Sicht der Verteidigung und auch aus Sicht der Kritiker dieser Terrorismus- oder Vereinigungsstrafbarkeit muss man ein paar Dinge hervorheben. Zunächst stellt schon die Vereinigungsstrafbarkeit an sich die Durchbrechung gewisser strafrechtlicher Grundsätze dar – und zwar seitdem es sie gibt. Ihre Ursprünge lassen sich bis zu Kaiser Wilhelm I. zurückverfolgen, der Umsturzverdacht unter schwere Strafe stellte – die Vereinigungsstrafbarkeit wurde schon früher häufig gegen oppositionelle Linke, vorwiegend gegen Arbeiter und Sozialisten verwendet.

Was ist nun das Besondere an der Vereinigungsstrafbarkeit? Normalerweise gibt es eine direkte Handlung, die mit einer Strafe belegt wird: Körperverletzung, Erpressung, Raub, Totschlag oder Mord. Also Straftaten, wo sofort klar ist, dass man sich darum als Polizei, als Gericht, als Justiz und als Strafsystem zu kümmern hat. Dafür muss es aber immer eine direkte Zurechnung geben. Die Staatsanwaltschaft hat dann zum

Beispiel bei einer Körperverletzung nachzuweisen, dass der Angeklagte geschlagen hat. Oder eine Beihilfehandlung zum Schlagen geleistet hat, etwa den Täter angefeuert oder etwas Anderes getan hat, was direkt mit der schädigenden Handlung zu tun hatte.

Bei der Vereinigungsstrafbarkeit aber wird diese direkte Verbindung zwischen Handlung und Erfolg durchbrochen, dann heißt es zum Beispiel: Wir haben hier eine Vereinigung, der rechnen wir bestimmte Taten zu. Das steht nun auf einem Blatt Papier, und auf einem anderen Blatt schauen wir dann nach, ob der Angeklagte Mitglied dieser Vereinigung ist. Ist das der Fall, kann schon die Mitgliedschaft oder auch nur die Unterstützung dieser Vereinigung genügen, dass man für alle Taten, die dieser Vereinigung zugerechnet werden, mitbestraft wird.

Das war bis 2002 so. Dann wurde der § 129 erweitert und verschärft um die sogenannte »Terrorismusstrafbarkeit« – gleichzeitig wurden die Ermittlungsbefugnisse des Staates ausgebaut. Bei organisiertem Verbrechen wie der Mafia leuchtet einem das ja noch ein. Problematisch aber finde ich es, wenn dieser Passus auf politische Vereinigungen bezogen wird. Auf der einen Seite gibt der § 129 den Behörden sehr weitreichende Ermittlungsbefugnisse, auf der anderen Seite ist die Schwelle für einen Anfangsverdacht extrem niedrig. Wenn ich mich also im Umfeld einer verdächtigten Vereinigung bewege, an einer Versammlung teilnehme oder bei einer Demonstration mitlaufe, kann relativ schnell der Anfangsverdacht einer Mitgliedschaft oder Unterstützung dieser Vereinigung auf mir lasten. Und weil es mittelbar um schwerwiegendere Straftaten gehen kann, die dieser Vereinigung zugerechnet werden, steht den Behörden die gesamte Palette an Ermittlungsinstrumenten zur Verfügung, für die sie sonst einen konkreten Tatverdacht wie Mord, Totschlag oder ein anderes Verbrechen brauchen.

Bei einer einfachen Körperverletzung kann man nicht monatelang Telefone anzapfen, Observationsbeamte auf Leute ansetzen und Wohnungen akustisch oder mit einer Kamera überwachen, das wäre nicht verhältnismäßig. Bei der Vereinigungsstrafbarkeit, insbesondere bei Terrorismus, ist das jedoch möglich und wurde in der Vergangenheit auch immer wieder genutzt, weshalb von Seiten linker Kritikerinnen und Kritiker beim § 129 gerne von einem »Gummiparagrafen« bzw. einem reinen »Ermittlungsparagrafen« gesprochen wird. Wenn man sich das einmal näher anschaut, kann man feststellen, dass es in den letzten Jahrzehnten in der BRD viele solcher §-129-Verfahren gab, wo auch mal zwei Jahre lang ermittelt wurde, am Ende aber gar keine Anklage erhoben, sondern das Verfahren eingestellt wurde – die betroffene Szene oder Bewegung allerdings jahrelang intensiv durchleuchtet worden war.

Marian Wild: Wer hat denn entschieden, dass die TKP/ML eine revolutionäre Vereinigung ist, der Straftaten in der Türkei zur Last gelegt werden können? Auf welchen Beweisen beruht das?

Wenn die Strafverfolgungsbehörde, hier die Generalbundesanwaltschaft, der Meinung ist, es handle sich um eine kriminelle oder terroristische Vereinigung, kann sie ermitteln. Und nun kommt der § 129b ins Spiel – man braucht für eine Verfolgung nach dieser Norm eine sogenannte Verfolgungsermächtigung.

Dazu ein kurzer Exkurs. Normalerweise ist deutsches Strafrecht anzuwenden: Der Täter ist Deutscher, das Opfer ist Deutscher, oder die Tat wurde in Deutschland begangen. Der § 129b erweitert den Grundsatz des Territorialprinzips im deutschen Strafrecht aber um den Aspekt »Vereinigung im Ausland« – die Unterstützung einer nur im Ausland agierenden Vereinigung kann also auch im Inland strafbar sein.

Was Ihre Frage anbelangt, gibt es folgendes Problem. Die TKP/ML gilt als eine Vereinigung, die gegen »ihren« – in dem Fall den türkischen – Staat kämpft. Das Gleiche hat aber auch Nelson Mandelas African National Congress (ANC) in Südafrika gemacht, das Gleiche hat auch die Freie Syrische Armee getan, das Gleiche tun aber auch die Taliban und der IS – ist das nun alles gleich zu bewerten? In nahezu allen Gesellschaften ist unumstritten, dass unter bestimmten Bedingungen auch Waffengewalt zur Durchsetzung politischer Ziele legitim ist. So fordern zum Beispiel die Grünen, dass man die Menschenrechte, wenn nötig, auch mit Waffengewalt schützt. Die Frage ist, wer oder was legitimiert einen dazu?

Und die weitergehende Frage lautet: Ab wann sollte der deutsche Staat Organisationen, die in anderen Staaten aus guten oder schlechten Gründen gegen ihre Regierung kämpfen, hier verfolgen?

Manfred Rothenberger: Wenn ich das richtig verstehe, kann die Verfolgungsermächtigung laut § 129b also auf alle Länder dieser Erde angewandt werden, auch auf Schurkenstaaten und Diktaturen. Wer entscheidet eigentlich, mit welchen Ländern Deutschland bei der Strafverfolgung kooperiert und mit welchen nicht?

Man war sich dieses Problems durchaus bewusst, als man den § 129b geschaffen hat. Um dies einzuhegen, wurde das Erfordernis der Verfolgungsermächtigung in das Gesetz hineingeschrieben. Das heißt, eine Verfolgungsermächtigung muss jeweils durch die Regierung erteilt werden, in der Regel durch das Justizministerium in Abstimmung mit dem Außenministerium.

Das ist dann die nächste Durchbrechung »normaler« strafrechtlicher Grundsätze. Nicht mehr die unabhängige Justiz, also Gerichte und Staatsanwaltschaften, schauen in die Gesetze, legen diese aus und wenden sie auf den tatsächlichen Sachverhalt an, sondern es wird bei der Exekutive, also der Regierung, nachgefragt: »Sollen wir die jetzt verfolgen oder nicht?«

Dann sagt die Regierung entweder: »Das sind Freiheitskämpfer, die kämpfen gegen eine Diktatur, lasst die mal in Ruhe.« – oder: »Das sind Terroristen, die müsst ihr verfolgen.« Der konkreten Einschätzung liegen politische Gesichtspunkte zugrunde. Demokratischen Ländern mit einer rechtsstaatlichen Justiz wird man die Hilfe sicher nicht verweigern.

Marian Wild: Und bei der Türkei gab es da gar keine Zweifel?

Hier gibt es folgendes Problem: Wurde eine Verfolgungsermächtigung erteilt, könnte man ja sagen, wir leben in einem Rechtsstaat, in dem man gegen jede Entscheidung von Behörden Einspruch erheben kann. Was mache ich also als Deutscher? Klagen – logisch. Kann man aber nicht! Man kann diese Verfolgungsermächtigung nicht angreifen, zumindest nicht direkt.

Wir haben das dennoch versucht und eine Klage vor dem Verwaltungsgericht Berlin angestrengt. Die Antwort lautete sinngemäß: »Da sind wir nicht zuständig. Ihr könnt nicht dagegen klagen, weil das nur ein Verwaltungsinternum ist, das nicht auf dem Verwaltungsrechtsweg angreifbar ist.«

Parallel dazu haben wir in der Verhandlung im Münchner Gerichtssaal gesagt:»Das Verfahren gehört eingestellt, weil die Verfolgungsermächtigung rechtswidrig erteilt wurde. Nämlich unter Verkennung von allem, was recht und heilig ist – schaut euch doch mal die Türkei an, das ist kein Rechtsstaat.« Tatsächlich beinhaltet der Tatbestand des § 129b auch, dass dieser Staaten schützt, die»Achtung vor der Würde des Menschen« haben. Die Türkei jedoch ist für uns kein schützenswertes Rechtsgut im Sinne des § 129b, denn dieser Paragraf ist auf Rechtsstaaten bezogen, also auf Staaten, die die Würde des Menschen achten. Der türkische Staat in seiner jetzigen Verfasstheit aber macht das nicht. Deswegen forderten wir zudem das Justizministerium auf, die Verfolgungsermächtigung zurückzunehmen. Ich glaube, wir haben darauf nicht mal eine Antwort bekommen.

Das Münchner Gericht hat sich, im Unterschied zu anderen Oberlandesgerichten, immerhin auf den Standpunkt gestellt:»Wir können diese Verfolgungsermächtigung eingeschränkt darauf überprüfen, ob sie willkürlich erteilt wurde. Das ist das Einzige, was wir können.« Andere OLGs haben in der Vergangenheit aber auch gesagt:»Wir können das überhaupt nicht überprüfen. Das liegt nicht in unserer Sphäre, das zu überprüfen.«

Wir haben also dazu einen sehr umfangreichen Antrag geschrieben, in dem wir dargelegt haben, dass die Türkei kein taugliches Schutzgut des § 129b sei, dass die Verfolgungsermächtigung hier rechtswidrig bzw. willkürlich erteilt worden sei, also zurückgenommen gehöre und das Verfahren einzustellen sei.

Die Antwort des Münchner Oberlandesgerichts war, dass die Verfolgungsermächtigung jedenfalls nicht rein willkürlich erteilt worden sei, sondern dass sich da schon jemand Gedanken dazu gemacht habe. Außerdem käme es nicht auf den Charakter des Staates an,»wenn die Vereinigung – jedenfalls auch – Mittel einsetzt, die auf eine Tötung von Menschen abzielen, die für die bekämpften politischen Verhältnisse nicht verantwortlich sind.«

Eine klare Parteinahme für die Herrschenden dieser Welt: Ob Staaten die Menschenwürde systematisch missachten, bleibt außen vor – bei

Befreiungsbewegungen hingegen kommt es darauf an, dass sie sich stets lupenrein verhalten haben.

Manfred Rothenberger: Die TKP/ML wird in der Türkei als eine terroristische Vereinigung angesehen, außerhalb der Türkei jedoch nicht. Ist das kein Widerspruch?

Das ist wirklich ein bisschen die Frage. Richtig an dem Satz ist: Die TKP/ML wird in der Türkei als terroristische Vereinigung angesehen.

Marian Wild: In Deutschland ist die TKP/ML nicht verboten.

Das ist auch richtig. Bei der Bezeichnung einer Vereinigung als »terroristisch« ist immer die Frage, wer wo wann und zu welchem Zweck diese Einstufung vornimmt.

Auf was man sich in diesem Fall beziehen könnte, sind die EU-Terrorlisten – darauf ist die TKP/ML aber nicht gelistet. Dann könnte man schauen, ob es in Deutschland ein Vereinsverbot für die TKP/ML gibt – das gibt es nicht. Man könnte auch die Frage stellen: Hat bei der TKP/ML schon vorher einmal eine Verfolgung nach § 129b stattgefunden und gibt es dazu vielleicht eine höchstrichterliche Rechtsprechung, wie es bei anderen Organisationen wie zum Beispiel dem IS oder auch der PKK der Fall ist?

Was die PKK anbelangt, kann man ihre Einstufung übrigens genauso skandalös finden wie bei der TKP/ML, vielleicht sogar noch mehr, aber hier wurde der Sachverhalt nach ständiger Rechtsprechung vom Bundesgerichtshof zumindest bestätigt.

Bei der TKP/ML hingegen fehlten alle oben genannten Referenzpunkte. Es gibt eben keine Behörde, die feststellt: Du bist Terrorist – und du nicht! Im Falle der TKP/ML war unser Verfahren das erste, bei dem deutsche Beamte zu der Einordnung kamen.

Worauf basieren also diese Einstufungen? Die einfache Antwort lautet: Es sind politische Erwägungen.

Manfred Rothenberger: Wurde denn von türkischer Seite aus jemals der Wunsch geäußert, Banu Büyükavci und die Mitangeklagten in Deutschland zu verfolgen?

Nein. Und wenn dem so wäre, würde ich das sicher nicht erfahren. Aber so funktioniert das auch nicht. Was wir wissen, und das reicht völlig, um zu kritisieren, was wir kritisieren, ist, dass es zweimal im Jahr – und ich gehe davon aus, daran hat sich nichts geändert – Austauschtreffen zwischen dem türkischen Dezernat für Terrorbekämpfung und seinem Pendant auf deutscher Seite, den Ermittlern beim Bundeskriminalamt und bei der Generalbundesanwaltschaft, gibt. Und wir wissen auch, dass bei diesen Treffen die großen türkischen revolutionären Vereinigungen und die kurdische PKK Thema sind.

Marian Wild: Das heißt, dass die Auswahl der zehn Angeklagten in München dem Strafverfolgungseifer der deutschen Behörden zu verdanken ist?

Ja. Und der Vorwurf an diese zehn Angeklagten lautete, das sogenannte »Auslandsbüro« der TKP/ML formiert zu haben, und dieser Vorwurf wird letztendlich von deutschen Strafverfolgern erhoben, richtig. Man muss leider sagen, bei der Verfolgung von türkischen Oppositionellen tut sich Deutschland in Europa hervor wie kaum ein anderes Land.

Manfred Rothenberger: Gibt es dafür Gründe?

Die deutsch-türkischen Beziehungen sind sehr alt, es gibt sie seit dem Deutschen Kaiserreich, aber auch jenseits dieser gewachsenen politischen Beziehung gibt es eine enge wirtschaftliche Verflechtung zwischen Deutschland und der Türkei. Ich weiß nicht, wie viele Tausende Firmen aus der Türkei in Deutschland ihren Sitz haben und umgekehrt.

Marian Wild: Positiv könnte man das Gesprächskanäle nennen, und negativ wirtschaftliche Abhängigkeit.

Es gibt da eine gewisse Verflechtung. Und die setzt sich fort auf der Ebene der Politik, der staatlichen Politik.

Manfred Rothenberger: Kommen wir zum Gerichtsprozess. Wie haben Sie diesen erlebt, was war besonders bemerkenswert?

Festgenommen wurde Banu im April 2015, die Hauptverhandlung ging los im Juni 2016 und hat geendet im Juli 2020. Ich habe meine Anwaltszulassung seit Oktober 2014, das heißt, dieser Prozess hat bis jetzt fast mein gesamtes berufliches Leben begleitet.

Für mich war so einiges bemerkenswert an diesem Prozess, denn das gibt es vielleicht alle Jahrzehnte, dass eine Vereinigung erstmalig kriminalisiert wird. Auch dass es so viele Angeklagte und so viele Prozessbe-

Demonstration anlässlich des Prozesses gegen Banu Büyükavci und ihre Mitstreiter, München, 17.6.2016

teilte gab, war besonders. Die Verhandlung fand im großen Saal 101 statt, wo auch der NSU-Prozess verhandelt wurde.

Allein schon das Setting mit zehn Angeklagten, 20 Verteidiger*innen, zehn Vertrauensdolmetscher*innen, einem fünfköpfigen Senat, den ganzen Justizkräften und den Angehörigen der Bundesanwaltschaft war bemerkenswert. Bemerkenswert war auch, dass kein Prozesstag ohne – ich sage mal – solidarisch-kritische Begleitung von politisch Interessierten stattgefunden hat, also zwischen einer und 50 Personen und mit mehreren Kundgebungen. Zeitweilig gab es im Gerichtssaal Gesänge und Geschrei, Parolen wurden gerufen, auch das hat man nicht alle Tage.

Vom Verlauf des Verfahrens her war negativ bemerkenswert, dass wir – solange unsere Mandant*innen inhaftiert waren – nur durch eine Trennwand mit ihnen sprechen konnten. Das ganze erste Jahr lief das so. Es hat bis zur Eröffnung der Verhandlung gedauert, bis ich meiner Mandantin zum ersten Mal die Hand geben konnte, vorher war immer eine Trennwand zwischen uns. Das ist ein Relikt aus RAF-Zeiten, als den Verteidigern staatlicherseits unterstellt wurde, sich gemein zu machen mit der angeklagten Vereinigung, Stichwort Kassiberschmuggel. Wir haben diese Trennscheibenverordnung angegriffen, es hieß dann, die Mandanten könnten uns bedrohen, überwältigen und als Waffe verwenden gegen den Staat oder das Verfahren oder die Rechtsstaatlichkeit. Dagegen sind wir immer wieder vorgegangen, denn das hat die Verteidigungsmöglichkeiten real eingeschränkt.

Man muss eine aktenordnerdicke Anklage oder mehrere Dutzend Leitz-Ordner umfassende Akten mit der Mandantin, die nicht des juristischen Deutschen mächtig ist, durch eine Trennscheibe besprechen, indem man seinen Laptop hochhebt, ihn umdreht, dann an die Scheibe hält und den richtigen Neigungswinkel sucht, woraufhin die Mandantin sagt, ja, an dieser Stelle, da hätte sie eine Frage.

Aber welche Stelle meint sie? Man dreht den Laptop wieder herum und sucht die Stelle – das Ganze ist wahnsinnig kompliziert, man sitzt in einem kleinen, schlecht beleuchteten Raum und kann sich kaum verstehen, weil man durch ein kleines Lochgitter spricht. Ich habe Kollegen von mir getroffen, da ging es sogar nur mit Telefonhörern, das waren schon erschwerte Bedingungen.

Hinzu kam, dass auch die schriftliche Kommunikation überwacht wurde. Es gab einen sogenannten »Lese-Richter«, der – eine Ausnahme in Terrorismusprozessen – die Verteidigerpost liest! Doch es ist ein heiliger Grundsatz, dass die Kommunikation mit dem Verteidiger oder der Verteidigerin unüberwacht stattfindet, das weiß ein jeder.

Was folgt daraus? Die Kommunikation zwischen Anwalt und Mandant zieht sich endlos in die Länge. Denn der Lese-Richter, des Türkischen nicht mächtig, beauftragt erst mal einen Übersetzer. Aber beauftragt er auch einen fähigen und zuverlässigen Übersetzer? Vielleicht. Nachforschungen meiner Kollegen haben ergeben, dass in einem Fall der zuständige Lese-Richter ein Übersetzungsunternehmen beauftragt hat, das, um Kosten zu sparen, die Post durch Übersetzer mit niedrigerem Stundenlohn in der Türkei übersetzt hat lassen und die Verteidigerschreiben gleich auch noch eingescannt und in die Türkei gemailt hat.

Wenn man weiß, wie der türkische Geheimdienst agiert, ist nicht auszuschließen, dass die Verteidigungsunterlagen damit den türkischen

Strafverfolgungsbehörden frei Haus geliefert wurden – das war wirklich bemerkenswert.

Marian Wild: Und zur gleichen Zeit lief auch der NSU-Prozess – also zwei große Prozesse parallel.

Ja, der NSU-Prozess ging zwar schon 2013 los, aber die beiden Prozesse haben sich überschnitten, was den organisatorischen Aufwand für alle Beteiligten natürlich entsprechend erhöhte.

Vielleicht war der NSU-Prozess sogar ein Grund für den Generalbundesanwalt, auch unseren Prozess in München abzuhalten, denn die organisatorischen Voraussetzungen, die für den NSU-Prozess geschaffen worden waren, ließen sich bei uns relativ einfach übernehmen. Es gab zum Beispiel eine Extra-Sicherheitsschleuse, durch die wir gehen mussten, und in jeder Pause, auch wenn man sich nur mal kurz einen Schokoriegel holen wollte, musste man wieder durch diese Schleuse durch. Man kannte zwar nach drei, vier Jahren jeden einzelnen Justiz-Wachtmeister an der Schleuse, musste sich aber trotzdem immer wieder ausweisen und identifizieren lassen.

Wegen des parallel laufenden NSU-Prozesses mussten wir die ersten zwei Jahre immer am Montag und am Freitag verhandeln, was auch eine gewisse Herausforderung ist. Wenn man aus Nürnberg anreist, geht das noch. Wenn man aber aus Kiel kommt, wie einer meiner Kollegen, dann heißt das, dass man sich am Freitag nach der Verhandlung gegen 15 Uhr oder 16 Uhr mit dem Zug Richtung Kiel aufmacht und um ein oder zwei Uhr nachts am Samstag in Kiel ist, um dann am Sonntag Nachmittag bereits wieder in den Zug Richtung München zu steigen, denn am Montag um 9:30 Uhr geht es weiter. Das war zwei Jahre lang extrem belastend. Hinzu kommt, dass einige meiner Kolleg*innen auch Nebenklagevertreter*innen im NSU-Prozess waren. Die haben dann zwei Jahre lang faktisch in einem Hotel in München gewohnt. Aber gut, man hat sich diesen Job halt ausgesucht.

Unser Prozess lief zunächst im Saal 101 in der Nymphenburger Straße. Nun hat man sich in München irgendwann dazu entschlossen, einen Hochsicherheitsgerichtssaal zu bauen, ähnlich wie in Stuttgart-Stammheim. Dieser Hochsicherheitsgerichtssaal wurde direkt an die Justizvollzugsanstalt Stadelheim angeschlossen und dorthin sollten wir dann umziehen. Also so was wie eine Gerichtsverhandlung im Knast, so haben wir als Verteidiger*innen das jedenfalls wahrgenommen. Und ich finde, das ist ein Problem, denn zuerst einmal gilt die Unschuldsvermutung. Wer in Untersuchungshaft sitzt, gilt als unschuldig. Ein Gerichtsgebäude ist immer auch eine Manifestation von Macht, und ein Prozess ein gewisses Schauspiel mit einer gewissen Wirkung.

Was hat das nun für eine Wirkung, wenn ich in eine JVA, in ein Gefängnis, gesperrt werde, und meine Verhandlung findet auch gleich im Gefängnis statt? Als unschuldig Geltender verlasse ich das Gefängnis nicht einmal mehr für die Verhandlung. Das sendet für mich ein völlig falsches Signal.

Als unser Prozess dann nach Stadelheim in diesen Gerichtsbunker, wie wir es genannt haben, verlegt werden sollte, haben wir uns mit Händen und Füßen dagegen gewehrt und einige kleinere Skandale aufgedeckt, die dann beseitigt wurden. Zum Beispiel, dass es in diesem Gerichtssaal Überwachungskameras gab, mit denen es möglich war, die Laptops der Verteidigung auszuspähen. Ich will jetzt nicht unterstellen, dass das jemand wirklich machen wollte, aber es wäre für das Gericht theoretisch möglich gewesen, live auf die Bildschirme der Verteidigung zu gucken. Wir haben das also moniert und es musste daraufhin geändert werden.

Dann haben wir kritisiert, dass dort keinerlei Öffentlichkeit mehr vor Ort gewesen wäre. Die Nymphenburger Straße, der Saal 101, liegt in der Münchner Innenstadt – das ermöglichte den Freunden, Verwandten und solidarischen Genoss*innen die Teilnahme. Stadelheim hingegen liegt in einem Wohngebiet, abgetrennt mit einer Knastmauer, da gibt es einen unscheinbaren Eingang, durch den es unter die Erde geht. Buchstäblich unter die Erde. Mit Lichtschächten. Man könnte ja sonst noch mit dem Helikopter reinfliegen und die Angeklagten befreien.

Trotz unserer Gegenargumente ist der Senat schließlich mit uns nach Stadelheim umgezogen – und am ersten Tag nach drei Stunden gleich wieder zurück in den alten Saal. Denn das für viele Millionen Euro vom Freistaat Bayern gebaute Gebäude hatte nicht genügend Toiletten für die Angeklagten – die Presse machte dann das sogenannte »Pinkelgate« daraus. Und ich glaube, weil es dort nicht mal eine Kantine gab, war am Schluss auch der Senat nicht ganz unglücklich, dass wir wieder zurück in der Nymphenburger Straße waren. Für die Justizverwaltung war das ziemlich peinlich.

Marian Wild: In welchem Gefängnis saßen die Angeklagten während des Prozesses, wurden sie getrennt?

Es gab sogenannte Trennungsverfügungen. Unsere Mandanten waren alle in unterschiedlichen JVAs untergebracht und es war jeweils verfügt, dass sie auf keinen Fall gemeinsam in einem Gefängnis sitzen. Die durften nichts miteinander zu tun haben. Das gibt es aber nicht nur bei Politfällen, sondern auch bei Drogenverfahren, da werden die festgenommenen Dealer auch auf verschiedene JVAs verteilt.

Marian Wild: Aber Banu Büyükavci konnte im Frauengefängnis auch Beate Zschäpe begegnen.

Das ja.

Marian Wild: Es gab also eine Plexiglasscheibe zwischen Banu Büyükavci und ihrem Anwalt – aber keine zwischen ihr und Beate Zschäpe.

Das ist richtig. Den Abstand hat meine Mandantin in diesem Fall allerdings selbst gewahrt.

Manfred Rothenberger: Noch eine Frage zum Prozessverlauf. Das Gericht hat ein Gutachten des allgemein anerkannten Turkologen Prof. Dr. Christoph K. Neumann bestellt. Was waren die wesentlichen Inhalte dieses Gutachtens?

Die wesentlichste Aussage von Herrn Neumann war wohl die Folgende: »Bei aller revolutionären Entschlossenheit und Militanz ist nicht damit zu rechnen, dass die TKP/ML in absehbarer Zeit die von ihr gewollte revolutionäre Situation herstellen und mit der Errichtung eines Staates der Arbeiter und Bauern unter ihrer Leitung abschließen kann. Eine Gefährdung der türkischen Verfassungsordnung und der in ihr verankerten demokratischen, säkularen, sozial- und rechtsstaatlichen Prinzipien ist eher in Aktivitäten des radikal-sunnitischen ISIS oder der türkischen Regierung sowie des Präsidenten selbst erkennbar.«

Manfred Rothenberger: Warum hatte diese Aussage des Gutachtens denn so wenig Einfluss auf die Urteilsfindung? In der Regel machen sich Gerichte die Erkenntnisse und Einschätzungen von Gutachtern doch zunutze?

Die Rechtsprechung würde vermutlich sagen: Das Gutachten hat Einfluss gehabt – nicht zuletzt auf die Strafzumessung. Ansonsten verhält es sich hier wie bei Prozessen gegen angebliche PKK-Mitglieder. Da urteilen Staatsschutzgerichte regelmäßig, dass die Verhältnisse in der Türkei wirklich schlimm seien, die Lage der Kurden verzweifelt, dass ihnen historisch stets Unrecht geschah ... dass sie aber auf legale demokratische Strukturen – also den Staat, der für ihr Unglück verantwortlich ist – vertrauen müssten und erlebtes Unrecht keinen bewaffneten Widerstand rechtfertige. Betroffene empfinden das als zynisch.

Manfred Rothenberger: Das Gutachten von Prof. Dr. Christoph K. Neumann spricht auch davon, dass Terrorismusvorwürfe, Kriminalisierung und Anklagen in der Türkei häufig politischen Zwecken dienen und die jeweilige Beweisführung nicht belastbar verifiziert werden kann. Das könnte doch der Punkt sein, wo der Richter zu dem Schluss kommt: Wenn ich das zur Kenntnis nehme, ist die ganze Voraussetzung für den Prozess nicht mehr gegeben.

Hm, was soll ich dazu sagen. Die Verteidigung hat fortwährend entsprechende Anträge gestellt, damit bis auf wenige Ausnahmen aber auf Granit gebissen. Denn es gibt zahlreiche Urkunden, insbesondere bezüglich der sogenannten Bezugstaten, die in der Türkei erhoben wurden. Das haben wir auch seitens der Verteidigung regelmäßig kritisiert, dass man der Arbeit der türkischen Strafverfolgungsbehörden nicht vertrauen kann. Aber das ist am Ende wieder eine Frage der Beweiswürdigung.

Manfred Rothenberger: Wie lange saß Banu Büyükavci insgesamt in Isolationshaft?

Fast ein halbes Jahr.

Manfred Rothenberger: Obwohl ihr niemals eine konkrete strafbare Handlung vorgeworfen, geschweige denn bewiesen wurde. Da könnte man fast zynisch werden: Hätte Ihre Mandantin auf dem Oktoberfest jemand einen Bierkrug an den Kopf geworfen, wäre sie

mit Sicherheit besser weggekommen, und auf keinen Fall in Isolationshaft gelandet. Beim Werfen eines Bierkrugs greift ja auch nicht das Zauberwort »Terrorismus«.

Marian Wild: Wie lautete am Ende das Urteil und auf welcher Grundlage wurde das Urteil gefällt?

Alle Angeklagten wurden verurteilt wegen der Mitgliedschaft im Auslandsbüro der TKP/ML – bzw. weil sie das Auslandskomitee der TKP/ML in Deutschland formiert haben sollen. Konkrete Straftaten in Deutschland wurden den Angeklagten nicht vorgeworfen, sie wurden auch nicht wegen in Deutschland begangener strafbarer Handlungen verurteilt, sondern weil sie für die TKP/ML Geld gesammelt und sie von Deutschland aus unterstützt hätten.

Die rechtliche Grundlage dafür waren der § 129a und § 129b. Das Urteil stützte sich auf umfangreiche Telefonüberwachung, Wohnungsüberwachung und Observationen. Das heißt, hier wurden Versammlungen, Treffen, Veranstaltungen und Privatgespräche, zum Beispiel Gespräche auf Autofahrten zwischen Einzelpersonen, überwacht und in das Verfahren eingeführt.

Kurze Rückblende: Zehn Angeklagte wurden verhaftet im April 2015 und kamen in Untersuchungshaft. Die Untersuchungshaft dient der Sicherung des Verfahrens bei Schwerkriminalität, Fluchtgefahr, Verdunkelungsgefahr usw. Fluchtgefahr besteht bei ausländischen Angeklagten eigentlich immer, da heißt es:»Die könnten sich ins Ausland absetzen, die könnten in die Türkei zurück.«

Die Angeklagten sitzen also in Untersuchungshaft, das Verfahren geht los, es läuft und läuft und läuft. Ein Untersuchungshäftling gilt erst einmal als unschuldig und bis zum 29. Juli 2020 galten alle zehn Angeklagten als unschuldig. Eine Untersuchungshaft muss jedoch auch verhältnismäßig sein, und je länger die Haft andauert, desto schwieriger wird es, diese Verhältnismäßigkeit zu begründen und desto höher werden die Anforderungen an die Begründung.

Es gibt da aber keine absolute Grenze – der schlimmste Finger auf Erden kann auch 100 Jahre lang in Untersuchungshaft sitzen. Aber wenn

Sinan Aydin und Banu Büyükavci nach der Entlassung aus der Untersuchungshaft, München, Februar 2018

er nicht der schlimmste Finger auf Erden ist, kann man ihn auch nicht so
lange festsetzen.

Dementsprechend kamen nach und nach Mandanten von uns auf
freien Fuß. Als erster Mehmet Yeşilçali, ihm ging es gesundheitlich sehr
schlecht, er hatte massive psychische Probleme, weil er bereits in der
Türkei inhaftiert und gefoltert worden war und die Haft in Deutschland
zu einer Retraumatisierung führte.

Dann kamen auch Banu Büyükavci, Musa Demir, Sami Solmaz und
Sinan Aydin frei. Warum? Die Dauer von Untersuchungshaft muss immer
im Verhältnis zur erwartbaren Strafe stehen. Die Freilassung erfolgte also
bei laufendem Prozess, weil unsere Mandanten sonst eventuell länger in
Untersuchungshaft sitzen als ihre Strafe am Ende lautet.

Die Abstufungen bei den Freilassungen aber auch bei den Urteilen
ergeben sich aus dem Strafzumessungskriterium schlechthin bei Vereini-
gungsstraftaten: die Dauer der Mitgliedschaft. Banu Büyükavci wurde
Mitgliedschaft vorgeworfen ab Sommer 2012 bis zu ihrer Verhaftung,
während anderen Angeklagten eine Mitgliedschaft seit 2002 vorgewor-

fen wurde. Warum 2002? Weil 2002 der §129 ins Leben gerufen wurde. Dementsprechend kamen die Angeklagten zu unterschiedlichen Zeitpunkten aus der Untersuchungshaft frei.

Wenn das Urteil dann rechtskräftig wird und die verhängten Strafen noch nicht gänzlich im Rahmen der U-Haft abgegolten sind, muss geprüft werden, ob die Reststrafe zur Bewährung ausgesetzt werden kann. Bei Banu, die zu einer Freiheitsstrafe von drei Jahren und sechs Monaten verurteilt wurde, wären nach Abzug der Untersuchungshaft noch ca. sieben Monate offen.

Marian Wild: Die Anklage lautete ja auf Mitgliedschaft in der TKP/ML. Und aus Sicht des Gerichts war die Mitgliedschaft der Angeklagten erwiesen. Aber wurde im Prozess überhaupt die Tatsache verhandelt, was diese Vereinigung eigentlich macht?

Das wurde schon auch festgestellt. Es gab dazu Unterlagen, wir haben uns die Satzung der Vereinigung angeschaut, wir haben Broschüren und Zeitungsartikel gelesen.

Marian Wild: Gibt es bei der Beweisfindung so etwas wie Beweise erster und zweiter Klasse? Diskutiert man die Glaubwürdigkeit der einzelnen Indizien?

Ja und nein. Seitens der Verteidigung haben wir bei vielen Beweismitteln, eigentlich bei allen, irgendwelche Einwände gehabt – ganz unterschiedlicher Natur.

Besonders ein Beweismittel stach hervor: Da wurde einmal ein Konvolut von Erkenntnissen der türkischen Strafverfolgungsbehörden von Ankara an die Bundesanwaltschaft gesandt, das war Teil einer sogenannten »Selbstleseliste«. Was heißt das? Das Gericht wollte manche Unterlagen nicht im Gerichtssaal einführen, sondern hat gesagt:»Hier, diese Unterlagen könnt ihr euch daheim durchlesen, dann stellen wir fest, ob alle die Schriftstücke zur Kenntnis genommen haben und ob es Einwände gegen sie gibt. Ist das nicht der Fall, gilt das Beweisstück als eingeführt.« Das ist ein Vorgehen, das wir grundsätzlich bekämpft haben, weil wir es sehr problematisch finden, aber es hat so stattgefunden.

Und da war dieses Konvolut aus Ankara dabei, wo zuerst schon mal unklar war, wer das überhaupt verfasst und unterzeichnet hat. Eine türkische Abteilung zur Terrorbekämpfung hatte diese Unterlagen wohl an eine andere Abteilung gesandt, von wo sie ein gewisser Ömer Köse nach Deutschland weiterleitete. Dieser Ömer Köse war jedoch zu dem Zeitpunkt, als das Beweisstück bei uns eingeführt wurde, gerade in der Türkei inhaftiert – unter anderem wegen Beweismittelfälschung und wegen Urkundenunterdrückung.

An dieser Stelle, wo es wirklich so eindeutig war, hat uns das Gericht dann recht gegeben und dieses Beweismittel nicht eingeführt. An anderer Stelle konnten wir das nicht so schön nachweisen. Es zeigt ein bisschen die Problematik mit den aus der Türkei weitergeleiteten Beweismitteln.

Manfred Rothenberger: Es ist wahrscheinlich nicht möglich, die Quellen aller aus der Türkei stammenden Beweismittel angemessen zu überprüfen?

Zumindest ist es schwierig und extrem aufwendig. Der Staatsapparat in der Türkei hat ein sehr starkes, wie soll ich sagen, Eigenleben. Es war dort schon immer so, dass, wenn jemand aus Sicht des Staates in Verdacht geraten ist, den Staat anzugreifen oder sich in Opposition zu ihm zu begeben, der Staat bzw. seine Bediensteten zusammenrücken und in eine Art Selbstverteidigungsmodus schalten. Wobei Selbstverteidigung in diesem Fall ein zu positiv konnotierter Begriff ist.

Manfred Rothenberger: Da schließen sich die Reihen – und die Gewaltenteilung, bei der sich die verschiedenen Instanzen gegenseitig kontrollieren, wird ein Stück weit ausgeschaltet.

Die Gewaltenteilung, die es in der Türkei zumindest auf dem Papier gibt, wird regelrecht und regelmäßig durchbrochen. Da herrscht ein gewisser Korpsgeist, der sagt, jetzt müssen wir zusammenstehen und uns gegen die Kritik, die gleich als Zersetzung wahrgenommen wird, mit allen Mitteln zur Wehr setzen. Dieses Denken ist im Inneren des Staatsapparats tief verankert.

Das heißt, dass Gesetze und demokratische Grundrechte einfach ausgehebelt werden. Straflosigkeit bei Folter beispielsweise. Das weiß ja heute jeder, dass in der Türkei auch gefoltert wird. Es ist zwar eine Zeitlang etwas besser geworden, weil man unbedingt in die EU wollte, aber zuletzt hat das wieder zugenommen.

Das eine ist die Folter, und das andere ist die Straflosigkeit von Folter. Dass in einem Staat gefoltert wird, ist schon schlimm genug, aber wenn das dann auch noch straflos bleibt, ist das für mich fast noch schlimmer, als wenn gefoltert wird.

Marian Wild: Verstehe ich das richtig? Es kann also Fälle geben im Rechtssystem der Türkei, da läuft alles ganz normal und gesetzestreu – und dann gibt es Fälle, bei denen sich der Staat bedroht fühlt, da wird dann anders vorgegangen?

Leider ja. Dann kann es sein, dass Fälle endlos verschleppt werden, dass Beweismittel gefälscht werden, dass es zu Folterungen kommt – übrigens nicht nur in Polizeiwachen, sondern auch in Gefängnissen –, dass Menschen spurlos verschwinden, es extralegale Hinrichtungen gibt usw. Das lässt sich natürlich nur im seltensten Fall aufklären, da taucht eben irgendein Vermummter auf und knallt jemanden ab, nur: Wenn solche Fälle niemals aufgeklärt werden, nicht nur an einem Ort, sondern gleich an 100 Orten, dann erkenne ich da eine Systematik dahinter.

Marian Wild: Welchen Einfluss haben die sehr ausführlichen und grundsätzlichen Schlussworte der Angeklagten auf die Urteilsverkündung bzw. das Strafmaß gehabt?

Wenig und viel zugleich. Bei Staatsschutzprozessen wird eine unbeugsame Haltung im Strafmaß gewürdigt, und sei es durch die Hintertür, dass etwa ein reuiges Geständnis zu erheblichem Straferlass führen würde. In unserem Fall haben sich die Angeklagten formal nicht zu den Tatvorwürfen eingelassen, aber im Prozess grundsätzlich keine Zweifel an ihrer politischen Haltung als revolutionäre Kommunist*innen und der Einordnung des türkischen Staates als faschistisch gelassen.

Es ist den Mandant*innen in diesem oder ähnlichen Prozessen wichtig, als politisches Subjekt aufzutreten. Wir als Verteidigung haben auch die Aufgabe, diese Subjektivität gegen den Wunsch des Gerichts, möglichst effektiv zu einem Urteil zu gelangen, zur Geltung zu verhelfen.

Warum wurde dieser Prozess eigentlich geführt? Doch nicht, weil der Generalbundesanwalt persönlich etwas gegen Banu Büyükavci und die anderen Angeklagten hat. Die Frage ist, warum der deutsche Staat zu dem Entschluss kommt, sich die TKP/ML jetzt einmal vorzuknöpfen.

Über die Gründe dafür kann sich jeder eine eigene Meinung bilden. Politischer Fakt ist: Die TKP/ML gehört zu Deutschland, seitdem in der türkischen Militärdiktatur Menschen verfolgt wurden, geflohen und nach Deutschland gekommen sind. Von nahezu jeder türkischen oppositionellen Organisation existieren »Ableger« in Deutschland. Warum? Weil die Leute hierher geflüchtet sind, aber auch weil wir sie als Gastarbeiter hierhergeholt haben.

Und jetzt beschließt der deutsche Staat, die TKP/ML zu kriminalisieren – aufgrund eines ausgeprägten deutschen Antikommunismus oder aus Waffenbrüderschaft mit der Türkei, ich weiß es nicht. Und wen setze ich jetzt auf die Anklagebank – man kann ja nicht eine Satzung verurteilen, zumindest nicht in einem Strafprozess, da müssen immer konkrete Menschen angeklagt sein. Das ist das, was linke Solidaritätsstrukturen gerne sagen: Angeklagt sind wenige, gemeint sind wir alle! Gerade was diese Vereinigungsstrafbarkeit anbelangt.

Vor dem Hintergrund der Aufgabe der Verteidigung, die Subjekt-Qualität der Angeklagten hervorzukehren und zu verteidigen gegenüber dem staatlichen Interesse der Objektifizierung der Mandanten, heißt das: Die Angeklagten sind alle politische Menschen, die haben eine bestimmte politische Identität, und ich zwinge das Gericht dazu oder ich verhelfe den Angeklagten dazu, dass sich das Gericht mit dieser politischen Identität auseinandersetzt – wie zum Beispiel bei den Schlussworten der Angeklagten.

Das Gericht war etwa bei den Ausführungen meiner Mandantin der Meinung, dass ihre Ausführungen zur Behandlung der Frauenbewegung in der Türkei nichts zur Sache täten. Banu Büyükavci wurde unterbrochen und darauf hingewiesen, doch mehr zur Sache zu sprechen. Das ist ihr übrigens zweimal passiert in diesem Verfahren, und das ist ihr auch aufgestoßen, erheblich aufgestoßen, und sie hat sich natürlich gefragt, werde ich unterbrochen, weil ich eine Frau bin oder weil ich zu Frauenthemen spreche, die anderen Angeklagten reden ja auch ausführlich über ihre Beweggründe.

Daher ist es für mich von größter Bedeutung, die Subjektstellung der Angeklagten zu verteidigen gegen den Versuch, sie zum reinen Objekt des staatlichen Strafverfolgungsinteresses zu machen.

Wie bereits erwähnt: Eine generell andere Haltung der Angeklagten im Prozess hätte ihnen sicherlich wesentlich geringere Strafen eingebracht. Und ganz konkret: Die Schlussworte haben vermutlich wenig bis keinen Einfluss gehabt.

Marian Wild: In der Wissenschaft sagt man ja, es darf am Ende nicht das herauskommen, was man vorher als Prämisse vorgegeben hat.

Ja, die Anklage ist eine Prämisse, eine These. Und das Gericht soll diese These überprüfen. So zumindest die Theorie.

Marian Wild: Man geht also zuerst nur mit einer Vermutung rein in den Prozess.

Es beginnt mit der Anklage durch die Staatsanwaltschaft und dann muss diese Anklage erst mal zugelassen werden. Eine Anklage wird zugelassen, wenn ein Gericht eine überwiegende Verurteilungswahrscheinlichkeit sieht. Es gibt kein Verfahren, wenn der Richter vorher keine überwiegende Verurteilungswahrscheinlichkeit gesehen hat.

Das halte ich für ein grundsätzliches Problem. Denn es gibt bereits eine gewisse Vorentscheidung, bevor ein einziges Wort gesprochen wurde, bevor die Verteidigung Gelegenheit hatte, ihre Sicht der Dinge darzulegen, die Zeugen zu befragen und so weiter.

Manfred Rothenberger: Verfolgt der deutsche Staat ebenso eifrig rechtsextreme türkische Bewegungen wie die Grauen Wölfe?

In dieser Form sicher nicht. Was die Grauen Wölfe anbelangt, muss ich ein bisschen ausholen. »Graue Wölfe« ist die Bezeichnung für türkische Rechtsextremisten wie Mitglieder der Partei der Nationalistischen Bewegung (MHP) – mit deren Unterstützung Erdoğan seit 2018 regiert – oder der Partei der Großen Einheit (BBP).

Ihr Symbol ist der »Graue Wolf«, oft zusammen mit drei Halbmonden. Sie nennen sich selbst »Ülkücüler«, was man mit »Idealisten« übersetzen könnte. Sie sind nicht nur für ihre nationalistische Agenda und aggressive Rhetorik, sondern auch für ihre zum Teil paramilitärischen Strukturen bekannt. Vor allem in den 1970er-Jahren radikalisierten sich die Grauen Wölfe – zahlreiche Gewalttaten und Hunderte von Morden sollen auf ihr Konto gehen. Besonders gehasst wird die kurdische Arbei-

Erdoğan-Anhänger mit dem Gruß der Grauen Wölfe, München, 6.5.2023

terpartei PKK, aber auch andere Minderheiten in der Türkei gelten als Feinde, unter anderem Juden, Christen und Armenier.

In Deutschland schätzt der Verfassungsschutz die Zahl der Anhänger der Grauen Wölfe auf bis zu 20.000. Die Bundeszentrale für politische Bildung nannte die Grauen Wölfe einmal »die größte rechtsextreme Organisation in Deutschland«. In Frankreich hat der Ministerrat 2020 per Dekret die Auflösung der Grauen Wölfe angeordnet. Auch im deutschen Bundestag gibt es Initiativen gegen die Grauen Wölfe, bis jetzt jedoch ohne Ergebnis.

Man kann das natürlich nicht exakt quantifizieren, aber es ist schon auffällig, wie stark der Antikommunismus in Deutschland ausgeprägt ist, während die Brille bei der Beobachtung und Verfolgung rechtsextremer Gewalttäter häufig leicht beschlagen erscheint.

Da möchte ich noch einmal auf den Generalbundesanwalt zurückkommen und dass er Lina E. aus Leipzig im November 2020 mit dem Hubschrauber nach Karlsruhe einfliegen hat lassen. Das ist ja auch ein Zeichen – ein Zeichen für die Öffentlichkeit. Mir ist nicht bekannt, dass man schon einmal Nazis mit dem Hubschrauber nach Karlsruhe hat fliegen lassen. Angeordnet wird das von der Generalbundesanwaltschaft. Das ist die gleiche Behörde, die sich weigert, beim NSU-Prozess mehr als drei Verdächtige zu sehen. Das ist dieselbe Behörde, die die TKP/ML-Anklage und alle PKK-Anklagen macht. Das ist die gleiche Behörde, die meint, eine Antifa-Protagonistin wie die Lina E. als Terroristin stempeln zu wollen.

Marian Wild: Der § 129b ist ja vorrangig ein politischer Paragraf. Kann ich auch als Privatperson sagen, dass diese oder jene Vereinigung angeklagt gehört gemäß § 129?

Anklagen kann immer nur die Staatsanwaltschaft. Und die Staatsanwaltschaft verfolgt aus öffentlichem Interesse oder weil eine Anzeige vorliegt. Eine Anzeige kann jeder stellen.

Wir Anwälte haben zum Beispiel während des Verfahrens eine Strafanzeige gestellt, weil sich aus den Akten ergab, dass dort Informationen enthalten waren zu angeblich TKP/ML-nahen Vereinen mit persönlichen Daten der Vorsitzenden dieser Vereine, die man nicht im Internet finden kann. Da haben wir uns die Frage gestellt, woher diese Informationen stammen und es lag für uns zumindest der Anfangsverdacht vor, dass diese Informationen auf eine geheimdienstliche Tätigkeit der Türkei in Deutschland schließen lassen, die selbstverständlich strafbar ist.

Wir haben das dann zur Anzeige gebracht, aber das Verfahren ist natürlich eingestellt worden.

Marian Wild: Banu Büyükavci wurde verurteilt, sie hat ihre Strafe nahezu abgesessen und ihr droht dennoch die Abschiebung. Ist das nicht eine doppelte Bestrafung für *ein* Vergehen?

Da sollten wir erst einmal über den Unterschied zwischen Ausweisung und Abschiebung sprechen. Ein Ausweisungsverfahren ist ein Vorgang im Migrationsrecht. In Deutschland habe ich nur dann einen rechtmäßigen Aufenthalt, wenn ich einen sogenannten Aufenthaltstitel habe. Darüber hinaus gibt es die Möglichkeit, dass jemand hier ist und keinen rechtmäßigen Aufenthalt hat, dafür aber eine sogenannte Duldung. Das heißt, diese Person kann nicht abgeschoben werden. Oder es hat jemand eine sogenannte Aufenthaltsgestattung, das heißt, diese Person befindet sich gerade in einem Asylverfahren.

Also entweder jemand ist illegal hier, oder er ist geduldet, gestattet oder hat einen rechtmäßigen Aufenthalt. Und rechtmäßiger Aufenthalt heißt: Die Person hat einen Aufenthaltstitel. Was ist die Ausweisung? Eine Ausweisung beendet den rechtmäßigen Aufenthalt und macht die Person ausreisepflichtig. In dem Moment, in dem die Ausländerbehörde zu jemandem sagt:»Sie werden ausgewiesen«, ist der Aufenthalt dieser Person in Deutschland nicht mehr rechtmäßig. Die Person hat vielleicht immer noch ihre Wohnung und ihren Job, nur – sie hat keinen rechtmäßigen Aufenthalt mehr.

Das hat sofort Rechtsfolgen, denn wenn jemand keinen rechtmäßigen Aufenthalt hat, darf diese Person grundsätzlich nicht mehr arbeiten, sondern muss erst einmal bei der Ausländerbehörde nachfragen. Und diese Person ist nun ausreisepflichtig. Wenn sie dann nicht von selbst geht, kann die Ausländerbehörde sie abschieben.

Das ist, wie wenn vor meinem Haus ein Baum umzustürzen droht, und die zuständige Behörde sagt:»Mach diesen Baum weg.« Wenn man sagt:»Das mache ich nicht«, dann kommt der Staat, lässt den Baum fällen und sagt:»Hier ist die Rechnung, und du hast sie zu bezahlen«. Im Aufenthaltsrecht ist es ähnlich. Die Abschiebung ist die zwangsweise Durchsetzung der Ausreisepflicht.

Was drohte jetzt aber Banu? Wenn jemand eine potenzielle oder konkrete Gefahr für die Sicherheit und Ordnung der Gesellschaft und des Staates darstellt, kann er ausgewiesen werden. Das passiert auch und wird exzessiv angewandt.

Im Ausweisungsrecht muss man jedoch immer abwägen: Es gibt ein Ausweisungsinteresse, das umso schwerer wiegt, je belastender der Vorwurf ist.

Dabei gibt es Abstufungen, nämlich das schwere Ausweisungsinteresse und das besonders schwere Ausweisungsinteresse. Und dem gegenüber steht immer das Bleibeinteresse, wobei es auch ein schweres Bleibeinteresse und ein besonders schweres Bleibeinteresse gibt.

Bei Terrorismus normiert das Gesetz immer ein besonders schweres Ausweisungsinteresse – auch bei Strafen über drei Jahren, wie im Fall von Banu Büyükavci.

Manfred Rothenberger: Also ist die Ausweisung rechtlich gesehen keine zweite Bestrafung, es ist quasi die Folge aus der ersten?
Ja, so ist das. Wenn ich keinen rechtmäßigen Aufenthalt in Deutschland mehr habe, droht mir natürlich die Abschiebung. Und wenn ich nicht selber gehe, bekomme ich sofort die Androhung der Abschiebung. Dann hat man die Möglichkeit, einen Asylantrag zu stellen, wenn man zum Beispiel glaubt, dass man verfolgt wird; das könnte dann dazu führen, dass der Person die Flüchtlingseigenschaft zuerkannt wird, weil ihr politische Verfolgung droht. Die Flüchtlingseigenschaft hat aber wieder einen Ausschlussgrund: Bei Terrorismus kann man keine Flüchtlingseigenschaft zugesprochen kriegen, dann wird diese Flüchtlingseigenschaft heruntergestuft auf ein Abschiebeverbot, das heißt es gibt maximal eine Duldung.

Das, was Banu dann gedroht hätte, wäre, dass erst mal ihr Aufenthaltsrecht weg ist, wodurch sie ausreisepflichtig wird, und dass sie ihren Job verliert oder zumindest dauernd um Erlaubnis fragen muss, ob sie arbeiten darf. Das Klinikum Nürnberg ist ja auch ein öffentlicher Arbeitgeber. Und wenn sie nicht freiwillig ausreist und ihr kein Abschiebungsverbot zuerkannt wird, dann droht ihr die Abschiebung. Also hat ihr durch die Ausländerbehörde Nürnberg sehr wohl mittelbar die Abschiebung gedroht. Aber eben nicht so unmittelbar, wie es manchmal etwas verkürzt in der Kampagne gesagt wurde.

Ist es jetzt eine zweite Bestrafung für das gleiche Vergehen? Na ja, das kommt darauf an, wen man fragt.

Wo ist das Migrationsrecht denn angesiedelt? Man könnte denken, es ist ein Bestandteil des Sozialgesetzbuches, weil man sich ja um die Leute kümmert, die hierherkommen.

Oder gibt es vielleicht ein Asylgesetzbuch oder ein Migrationsgesetzbuch – oder vielleicht sogar ein Bürgerrecht auf Migration?
Nein. Das Migrationsrecht, das Aufenthaltsrecht ist ein Teil des Sicherheitsrechts. Warum? Weil Migrantinnen und Migranten zunächst als Problem für die innere Sicherheit angesehen werden. Migrationsrecht ist also in Deutschland Sicherheitsrecht. Der erste Blick des deutschen Staates auf Migranten ist: Die sind doch vielleicht ein Sicherheitsproblem. Wir müssen erst mal schauen, ob sie eine Gefahr darstellen. Und wenn

sie eine Gefahr darstellen, muss ich diese Gefahr bannen. Das ist das Sicherheitsrecht. Und die Prämisse, mit der an das Aufenthaltsrecht herangegangen wird.

Aber welche Auswirkung hat das nun für den Einzelnen? Selbstverständlich ist das eine zweite Bestrafung! Na klar.

Kein Kurde, der regelmäßig an Demonstrationen teilnimmt, braucht realistisch auf seine Einbürgerung zu hoffen. Denn dann heißt es: Sie waren, laut Verfassungsschutzerkenntnissen bei der und der Veranstaltung, wie halten Sie es denn mit der PKK? – Damit habe ich nichts zu tun. – Zack! Falsche Antwort, falsche Antwort! Wenn du das sagst, bist du raus! Weil du bei dieser Demonstration warst. Natürlich hast du dann was mit denen zu tun! Und wenn du das in diesem Sicherheitsgespräch leugnest, zeigst du nur, dass du nicht einsichtig bist.

Du müsstest sagen: Ja, ich war bei der PKK, aber ich finde die total beschissen, ich werde da nie wieder hingehen. Es tut mir leid, ich bereue mein Vergehen. Das fordert der Staat.

Marian Wild: Hätten also Banu Büyükavci und die anderen Angeklagten öffentlich bereut und der TKP/ML abgeschworen …

… hätten sie mit Sicherheit ein anderes Strafmaß bekommen. Das ist ein Grundsatz im deutschen Strafrecht: Jemand, der gesteht, und vielleicht sogar reuig gesteht, bekommt immer einen ordentlichen Bonus.

Marian Wild: Also ist es ein strukturelles Problem, wo die Migrationsfrage angesiedelt ist im Rechtssystem?

Das ist das erste Problem, natürlich. Das nächste Problem ist, dass die Entscheidungen mit der politischen Sphäre verquickt sind. Ich kann doch die um Asyl bittenden Menschen nicht hierherholen und dann zu ihnen sagen: »Okay, hier gibt es Schutz, aber eure politische Identität lasst bitte zu Hause!«

Ein Teil der von uns vertretenen Angeklagten hat Ende der 1980er-Jahre in Deutschland politisches Asyl bekommen, *weil* sie in der TKP/ML waren. Die kamen nach Deutschland und haben gesagt: »Ich bin in der Kommunistischen Partei, die wollen mich erschießen.« Dann hat das Bundesamt sie angehört und gesagt: »Du bekommst hier politisches Asyl, denn dir droht Folter, weil du in der TKP/ML bist.«

20 Jahre später heißt es:»Was, TKP/ML? Wir machen jetzt einen Strafprozess und entziehen den Mitgliedern der TKP/ML die Flüchtlingseigenschaft wieder.« Das ist doch wirklich absurd.

Marian Wild: Das Flüchtlingsrecht vergleicht Migranten also weniger mit anderen Menschen, sondern eher mit einer schlecht abgesperrten Baustelle.

So kann man es – etwas polemisch – sagen, ja.

Manfred Rothenberger: Wie finden Sie es, dass ver.di die Kampagne für Banu Büyükavci jetzt weiterführt mit der Forderung nach der Abschaffung des § 129b StGB?

Ich finde das absolut unterstützenswert. Ich bin ja nicht nur der Verteidiger von Banu Büyükavci, sondern regelmäßig in dem Gebiet unterwegs und finde, dass dieser Paragraf total vermurkst ist. Er geht von einer völlig falschen Prämisse aus, ist aus der Zeit gefallen und noch dazu ein nicht nur falsches, sondern auch gefährliches Werkzeug, wenn er den Falschen zur Verfügung steht. Darum muss er weg.

Marian Wild: Und nachdem die Migrantenströme sich eher verstärken als versiegen werden, wäre es nicht auch höchste Zeit für ein modernes, den Zeitläuften angepasstes Migrationsrecht?

Ja, das Migrationsrecht muss generell überholt werden. Wir brauchen ein Einwanderungsrecht und ein Migrationsrecht auf der Höhe der Zeit. Es darf nicht die Prämisse geben, dass Migranten per se eine Sicherheitsgefahr sind, über die man zwischendurch mal hinwegsehen kann, wenn man die Menschen gerade brauchen kann als Arbeitskräfte.

Manfred Rothenberger: Wie beurteilen Sie die Wirkung der von ver.di angestoßenen Kampagne für Banu Büyükavci?

Ich habe selten erlebt, dass eine politische Kampagne, gemessen an ihren eigenen Zielen, so erfolgreich war.

Meine Erfahrung als Tätiger im Migrationsrecht und im politischen Strafrecht ist, dass, wenn so ein Anhörungsbescheid kommt, es so sicher wie das Amen in der Kirche ist, dass die Ausweisung auch erfolgt, und zwar zeitnah. Da wird zuerst Gelegenheit zur Stellungnahme gegeben, dann wird gerade noch die Frist abgewartet, und dann geht auch schon der Bescheid raus.

Dass es bei Banu Büyükavci anders gelaufen ist, ist eindeutig dieser Kampagne geschuldet. Weil sie letztendlich die ganzen Probleme, die diese Verurteilung mit sich bringt, aufgezeigt hat, und das politische Koordinatensystem, das dahintersteht. Und dann hat sie großen öffentlichen Druck entfaltet mit dem Appell: »Stopp, hier passiert gerade Unrecht, das muss man korrigieren!«

Ohne die Kampagne hätte Banu den Ausweisungsbescheid vermutlich längst bekommen.

Manfred Rothenberger: Interessant war auch, zu beobachten, wie die Stadt Nürnberg und die Ausländerbehörde sowie das Bayerische Innenministerium den Ball bzw. die kritischen Nachfragen – ohne näher darauf einzugehen – immer wieder gleich zurück- oder woanders hingespielt haben.

Ja, das ist auch ein Erfolg der Kampagne. Keiner wollte den Schwarzen Peter haben.

Marian Wild: Sowohl das Bayerische Innenministerium als auch die Stadt Nürnberg und die Ausländerbehörde haben immer gesagt, sie hätten keine Spielräume.

Das ist meiner Meinung nach nur vorgeschoben. Ich meine, wo und wer sind wir denn? Natürlich gibt es immer Spielräume. Es gibt keinen juristischen Tatbestand, bei dem es nicht auch ein Ermessen oder ein Abwägen gibt. Das wäre ja sonst Quatsch. Die Juristerei ist ja der Versuch, das überbordende und sprudelnde Leben in ein starres Korsett der Tatbestände zu zwängen. Und weil das Leben und die Wirklichkeit eben nicht nur schwarz oder weiß sind, müssen Richter die Möglichkeit haben, abzuwägen, Ermessen auszuüben, zu justieren, zu prüfen und ihre Entscheidung auf den jeweiligen Einzelfall abzustellen. Und weil das so ist, gibt es fast keine richterliche Entscheidung, bei der nicht auch etwas anderes herauskommen könnte.

Manfred Rothenberger: Banu Büyükavci ist angestellt beim Klinikum Nürnberg, einem der größten kommunalen Krankenhäuser Europas, und Marcus König, der Oberbürgermeister der Stadt Nürnberg, hat Sitz und Stimme in dessen Verwaltungsrat. Könnte man daraus nicht schließen, dass der Oberbürgermeister auch eine ge-

wisse Verantwortung und Fürsorgepflicht für das Schicksal einer Mitarbeiterin des Nürnberger Klinikums hat? Nicht zuletzt, weil sich Nürnberg als eine »Stadt des Friedens und der Menschenrechte« versteht, die es sich zur Aufgabe gemacht hat, »aktiv für Toleranz und Menschenrechte einzutreten«.

Leider hat man von Herrn König lange nichts zum »Fall« von Banu Büyükavci gehört. Ich kann mich noch gut an eine Internet-Bürgersprechstunde von ihm erinnern, bei der zahlreiche besorgte Nürnberger Bürgerinnen und Bürger Fragen zur Strafverfolgung und drohenden Ausweisung von Banu Büyükavci eingereicht hatten, von denen dann keine einzige aufgerufen wurde. Stattdessen wurde lieber ausgiebig über weniger »heiße« Themen wie Schmutz auf den Straßen gesprochen.

Die Botschaft war: Die Stadt Nürnberg will keine Stellung beziehen, weshalb auch immer.

Ich hätte mir natürlich gewünscht, dass die Stadt Nürnberg so agiert, wie die ver.di-Leute es getan haben, die sich sofort, als sie gehört hatten, um was es da geht, hinter Banu Büyükavci gestellt haben. Genauso wurde Banu vom Klinikum Nürnberg unterstützt. Sie kam in Untersuchungshaft wegen des Vorwurfs, Mitglied einer terroristischen Vereinigung zu sein, und das Krankenhaus kündigte ihr nicht, sondern stellte ihren Arbeitsvertrag einfach ruhend. Das hat ihr, als sie bei noch laufendem Prozess wieder aus der Untersuchungshaft freigekommen ist, ermöglicht, bereits am nächsten Tag wieder zur Arbeit zu erscheinen.

Ich hätte mir natürlich gewünscht, dass die Stadt Nürnberg ähnliche Größe und politisches Augenmaß zeigt und diese weise Entscheidung, das Ausweisungsverfahren auszusetzen oder ruhen zu lassen, von selbst getroffen hätte. So musste erheblicher öffentlicher Druck von ver.di und dem tollen Bündnis völlig unterschiedlicher Gruppierungen, die sich für Banu Büyükavci eingesetzt haben, erzeugt werden, um der Politik auf die Sprünge helfen.

Marian Wild: Wenn es zur Ausweisung und Abschiebung von Banu Büyükavci in die Türkei gekommen wäre, was ja auch im Bereich des Möglichen lag, was denken Sie, hätte ihr da gedroht?

So wie die Türkei im Moment verfasst ist, bei den derzeitigen politischen Kräfteverhältnissen, muss man definitiv davon ausgehen, dass es zu einer Inhaftierung und Anklage gekommen wäre.

Es ist weithin bekannt, dass bei politischen Verfahren in der Türkei rechtsstaatliche Prinzipien häufig nicht nur missachtet werden, sondern dass es bei der Verurteilung auch zu einem sogenanntem »Polit-Malus« kommt. Das heißt, dass dann aufgrund von politischen Erwägungen exorbitant höhere und unverhältnismäßige Strafen verhängt werden, um oppositionelle, kritische und der Regierung nicht genehme Stimmen zum Schweigen zu bringen. Wie man mittlerweile weiß, kann man in der Türkei schon für ein falsches Facebook-»Like« sechs Jahre Haft bekommen. Da lässt sich leicht ausrechnen, was einem droht, wenn einem vorgeworfen wird, einer in der Türkei als terroristische Vereinigung angesehenen Oppositionspartei anzugehören.

Banu Büyükavci wäre eine langjährige Inhaftierung sicher, womöglich auch Folter, weil es dann auch darum geht, weitere Geständnisse zu erzwingen. All das passiert grundsätzlich in der Türkei.

Manfred Rothenberger: Noch eine letzte Frage zu etwas, was ich sehr erstaunlich fand. Es gibt viele Menschen, die im Gefängnis saßen und es verhärtet und verbittert wieder verlassen. Banu Büyükavci hingegen versprühte nach ihrer Entlassung eine Unmenge positiver Energie und hat ihre Haft fast wie eine Art Auszeichnung gesehen.

Banu ist mir als Mensch tatsächlich ans Herz gewachsen. Dieses Verfahren war ein Ausnahmemandat und Banu Büyükavci eine Ausnahmemandantin aufgrund ihrer tiefen Menschlichkeit, ihrer Freundlichkeit und Offenheit.

Wer in der Türkei linke bzw. oppositionelle Politik macht, muss sich mit dem Gefängnis auseinandersetzen. Anders als in Deutschland sind in der Türkei nicht Dutzende, sondern Zehntausende politische Gefangene in den Gefängnissen. Ich würde behaupten, es gibt keine linke politische Großfamilie in der Türkei, bei der nicht irgendjemand im Gefängnis sitzt oder saß. Wer sich gegen staatliches Interesse wendet, riskiert in der Türkei, lange in Haft zu kommen.

Damit muss sich jeder in der Türkei auseinandersetzen, egal ob junge Menschen oder alte Menschen – von klein auf wächst man damit auf. Dieses andere Verhältnis zu Inhaftierung und Gefängnis hat man als Oppositionelle oder Oppositioneller in der Türkei tatsächlich von der Wiege an.

Banu Büyükavci ist aber noch mal ein ganz spezieller Mensch, das muss ich am Ende schon auch sagen.

Banu Büyükavci vor der Säule mit Artikel 9 der Allgemeinen
Erklärung der Menschenrechte, *Straße der Menschenrechte* von
Dani Karavan, Kartäusergasse, Nürnberg, 19.5.2021

»Man schiebt keine Menschen in Folter und Haft ab«

Weg mit diesen Ungerechtigkeiten

Rede von Renate Schmidt bei der 13. Mahnwache für Banu Büyükavci am 10. März 2021, Kornmarkt, Nürnberg

»Zwei Vorbemerkungen: Erstens, meine Begeisterung, Reden zu halten, hält sich zwischenzeitlich in engen Grenzen. Zweitens, meine Begeisterung für die TKP/ML und ihre Ableger ist nicht vorhanden, politisch lehne ich sie ab. Warum bin ich dann dennoch da und rede?

Der erste Grund: Ich bin seit 51 Jahren Mitglied von ver.di, früher HBV, die gewerkschaftliche Solidarität gebietet es, unserer Kollegin Banu Büyükavci in einer solchen Situation beizustehen und Flagge zu zeigen. Außerdem: So wenig Sympathien ich für die TKP/ML habe, so viel habe ich für Banu, weil sie eine Idealistin und eine Kämpferin für eine gerechtere Welt ist. Und damit bin ich beim zweiten Grund meines Hierseins: Ich hasse Ungerechtigkeit. Und was hier geschieht ist dreifach und in einem solchen Maße ungerecht, dass mir beinahe die Worte fehlen, aber nur beinahe.

Erstens ist schon die Tatsache, dass überhaupt ein Gerichtsverfahren stattgefunden hat, ungerecht, denn Banu hat sich weder hier noch in der Türkei irgendetwas zu Schulden kommen lassen. Ihr einziges »Verbrechen« besteht in ihrer Mitgliedschaft in der TKP/ML.

Für mich ist nicht nachvollziehbar, wieso dieser Strafprozess überhaupt hat stattfinden können. Das Erteilen der Verfolgungsermächtigung ist Willfährigkeit gegenüber einem Autokraten, der die Menschenrechte mit Füßen tritt. Wie es um Menschenrechte und Rechtsstaatlichkeit in der Türkei bestellt ist, können wir derzeit – man muss sagen »mal wieder« – am Beispiel unseres Nürnberger Mitbürgers Erdoğan Ataş mitverfolgen, der seit eineinhalb Jahren in der Türkei festgehalten wird. Sein

Renate Schmidt, Mahnwache für Banu Büyükavci, Kornmarkt, Nürnberg, 10.3.2021

Vergehen: Als Sozialpädagoge war er, weil das zu seinem Beruf gehört, ein paar Mal in einem kurdischen Kulturzentrum. Es ist schon erstaunlich, was türkische Behörden so alles wissen – und noch erstaunlicher, dass sie dieses Wissen hier offenbar unbehelligt sammeln lassen können.

Vor diesem Hintergrund ist es zweitens ungerecht, dass es zu einer Verurteilung gekommen ist. Und es ist unverfroren, unmenschlich und ungerecht, dass unsere Kollegin Banu fast ein halbes Jahr in Isolationshaft eingesperrt war, ohne dass es dafür einen nachvollziehbaren Grund gab. Wir sind alle sehr froh, dass sie dies psychisch und physisch einigermaßen verkraftet hat.

Um das Maß der Ungerechtigkeiten zum Überlaufen zu bringen, kommt nun die dritte Ungerechtigkeit hinzu: Die Nürnberger Ausländerbehörde war sich nicht zu schade, kurz vor Weihnachten ein Ausweisungsverfahren einzuleiten. Ein Ausweisungsverfahren gegen eine bestens integrierte, angesehene, kompetente und unbescholtene Ärztin, die hier dringend gebraucht wird. Ein Ausweisungsverfahren, obwohl das Urteil noch gar nicht rechtskräftig ist und Einspruch dagegen eingelegt wurde. Ein Ausweisungsverfahren, das, wäre es erfolgreich, die Existenzgrundlage von Banu vernichten würde. Diese Ausweisung könnte zwar nicht vollstreckt werden, da ihr in der Türkei politische Verfolgung und Folter drohen, aber Banu würde mit allen Konsequenzen erst einmal Asylbewerberin.

All das ist eines Rechtsstaats unwürdig. Deshalb fordere ich von den Verantwortlichen in Berlin, München und Nürnberg: Weg mit diesen Ungerechtigkeiten. Das heißt an Berlin gerichtet: Die Verfolgungsermächtigung muss, was die reine Mitgliedschaft in der TKP/ML betrifft, zurückgenommen werden. Und an München und Nürnberg gerichtet: Dieses Ausweisungsverfahren muss gestoppt und zu den Akten gelegt, besser in den Papierkorb geworfen werden.

Wir versprechen allen Verantwortlichen, wir werden so lange hier stehen, solange das nicht geschieht. Zu denken, dass sich das schon von selbst erledigt und dass wir aufgeben, ist reines Wunschdenken. Denn unsere Kollegin Banu, die Nürnberger Ärztin Banu Büyükavci muss bleiben, hier in Nürnberg, hier bei uns.«

Die Hände in Unschuld waschen

Rede von Jürgen Kaufmann bei der 26. Mahnwache für Banu Büyükavci am 9. Juni 2021, Kornmarkt, Nürnberg

»Sehr geehrte Damen und Herren,
ich gebe es offen zu: Ich hatte sehr gehofft, dass der Kelch an uns vorübergeht, heute hier zu sprechen. Nicht, weil wir [Diese Mahnwache wurde gemeinsam von den Pfarrern Stefan Alexander, Andreas Müller und Jürgen Kaufmann sowie dem Jesuitenpater Ansgar Wiedenhaus gestaltet; Anm. d. Verf.] uns das nicht zutrauten oder nicht wollen. Sondern weil dies – im besten Fall natürlich – bedeutet hätte, dass Banu, wie Sie sie alle nennen, bleiben darf. Und dass so eine Aktion demnach nicht mehr nötig gewesen wäre.

Die Anfrage an uns erfolgte bereits Mitte April. Wir haben jetzt Mitte Juni. Getan hat sich offenkundig nichts. Soweit – so enttäuschend.

Nachdem wir zugesagt hatten, bekamen wir als lobende Rückmeldung, es werde keineswegs als selbstverständlich gesehen, dass wir als Kirchenvertreter hier mitmachen.

Ich muss dazu sagen: Doch, es ist selbstverständlich. Es ist ein Kernauftrag von Kirchen, sich für Menschen einzusetzen, die verfolgt werden. Die unter Druck geraten. Denen Unheil droht. Denen Rechte verweigert werden. Denen Menschlichkeit vorenthalten wird. Und da darf es überhaupt keine Rolle spielen, ob es sich um Christen handelt, um Muslime, um Menschen ohne Religionszugehörigkeit, um Kommunisten, um was auch immer, und ob man mit den Ansichten dieser Menschen übereinstimmt oder nicht.

Hier droht einer Frau Unheil, die sich persönlich nichts hat zu Schulden kommen lassen. Die seit Jahren hier in Deutschland lebt und arbeitet.

Jürgen Kaufmann, Mahnwache für Banu Büyükavci, Kornmarkt, Nürnberg, 9.6.2021

Die Steuern zahlt. Die integriert ist. Die engagiert ist. Die in ihrer hoch geschätzten Arbeit als Ärztin wahrscheinlich für die Menschen mehr getan hat als so manch andere, die gerne von Menschlichkeit und christlichen Werten reden.

Und da fällt mir neben dem Spruch mit dem vorübergehenden Kelch ein weiterer Spruch ein, der biblisch inspiriert ist: »Ich wasche meine Hände in Unschuld.«

Ja, da waschen offenkundig gerade Einige ihre Hände in Unschuld. Die verschließen dabei ihre Augen vor dem, was einer Person blüht, die einem Staat ausgeliefert wird, der längst kein Rechtsstaat mehr ist.

Die berufen sich dabei auf Paragrafen, deren Anwendung hier bei uns alles andere als eindeutig ist.

Was ich mich in diesem Zusammenhang immer schon gefragt habe: Warum sind Sie eigentlich heute und seit einigen Monaten hier?

Sie sind hier, weil Sie der Ansicht sind, dass hier ein Unrecht geschieht.

Sie sind hier, weil Sie Ihr Gewissen plagen würde, wenn Sie nicht hier wären.

Und da frage ich mich ebenso: Was ist eigentlich mit dem Gewissen jener, die »ihre Hände in Unschuld waschen«? Die einfach wegschauen von den Ungereimtheiten in diesem Fall. Von der drohenden Gefahr für einen Menschen? Haben die Angst vor Anarchie, falls man hier etwas großherziger und menschlicher agiert? Befürchten die, dass die Rechtmäßigkeit durch einen Fall flöten geht?

Nun machen wir in der Kirche leider immer wieder selbst ähnliche Erfahrungen: Gewisse Kreise werten großzügigere und menschlichere Auslegung von Regeln gleich als Bedrohung für das ganze System.

Dabei war es doch gerade dieser Mann aus Nazareth, auf den wir Kirchen uns berufen, Jesus, der betonte: Der Schabbat ist für den Menschen da, nicht der Mensch für den Schabbat. Das heißt doch nichts anderes, als dass bei der Anwendung von Gesetzen und Regeln immer die Situation des jeweils betroffenen Menschen beachtet werden muss. Nicht die Reinheit des Regelwerks, sondern der Mensch muss im Mittelpunkt stehen.

Und dieser Mann aus Nazareth stand in einer langen Tradition sogenannter Propheten, die im Alten Testament aufgeführt sind. Und von denen einige eben ganz gezielt die Mächtigen kritisierten, weil diese Gesetze schufen oder so zurechtbogen, dass die Untergebenen plötzlich als Gesetzlose, als Freiwild dastanden.

Wie man das Ganze nun dreht oder wendet: Persönlich kann ich jedenfalls nicht erkennen, dass der bisherige Umgang mit Banu besonders gerecht, menschlich oder christlich war.

Ich appelliere daher an jene, die letztlich entscheiden: Hören Sie auf, Ihre Hände in Unschuld zu waschen. Hören Sie auf, wegzuschauen vor dem Schicksal eines Menschen.

Schauen Sie auf das, was dieser Mensch hier seit Jahren für andere Menschen leistet. Geben Sie Ihrem Herzen einen Stoß. Anerkennen Sie, dass Recht und Gerechtigkeit immer im Zusammenhang gesehen werden müssen.

Für mich als Christ und ein Vertreter der Kirche heute Abend ist jedenfalls klar: Banu muss bleiben – weil sie ein Recht dazu hat.«

#Song4Banu

Felicia Peters

– »Fight« (12 x) –
Banu should not be deported
Because she paid her dues
Thirty four months they locked her up yail!
I read it in the news
Why do they call it immigration
When they try to keep us all apart
I always thought this was a nation
That was united at the heart!

Banu muss bleiben ... she deserves to stay
She can't leave ... Her dues have been paid
Banu muss bleiben ... We've got to fight
She can't leave ... Why can't they see the light?
– »Fight« (8 x) –

They will be sad if she goes
The land she returns to would punish her and
What would become of her nobody knows
It wouldn't matter if she were black, chinese
mexican or white
Discrimination has always been a bad disease
So help us fight for human rights!

Felicia Peters beim Solidaritätskonzert für Banu Büyükavci, Z-Bau, Nürnberg, 21.9.2021

Banu muss bleiben ... she deserves to stay
She can't leave ... Her dues have been paid
Banu muss bleiben ... We've got to fight
She can't leave ... Why can't they see the light?
– »Fight« (12 x) –

— » Banu muss bleiben, fight, fight, fight« (4 x) –
Banu muss bleiben ... she deserves to stay
She can't leave ... Her dues have been paid
Banu muss bleiben ... We've got to fight
She can't leave ... Why can't they see the light?

FIGHT TILL THE END!!!

(Based on the melody of Bruce Springsteen's *Hungry Heart*)

Das war ein rein politisches Urteil

Manfred Rothenberger im Gespräch mit Christine Deutschmann

Manfred Rothenberger: Was ist der Motorradclub Kuhle Wampe und woher stammt sein Name?

Christine Deutschmann: Die Kuhle Wampe ist ein Verband von derzeit etwa 40 Einzelclubs in Deutschland und Österreich, der 1978 gegründet wurde. Benannt wurde sie nach Bertolt Brechts Film *Kuhle Wampe oder: Wem gehört die Welt.* Dieser Film spielt in einer Zeit, die geprägt war von Massenarbeitslosigkeit und drohendem Faschismus. Der Film zeigt am Beispiel Freizeitsport, dass die Interessen der Bevölkerung nur von ihr selbst und gemeinsam vertreten werden können. Unsere Clubs haben sich den Namen »Kuhle Wampe« gegeben, weil die wesentlichen Aussagen des Films heute noch Gültigkeit haben.

Der Club Kuhle Wampe / Geyers Schwarzer Haufen, bei dem ich Mitglied bin, hat sich nach Florian Geyer benannt, dem Anführer des »Schwarzen Haufens« im Bauernkrieg 1525. Sein Ziel im Kampf gegen das Landesfürstentum war eine auf Bauern- und Bürgertum gegründete Reichsreform und die Beseitigung der geistlichen und adligen Vorrechte.

Die Ausrichtung der Kuhle-Wampe-Clubs ist antifaschistisch, solidarisch und links. Die klassischen, hierarchischen und patriarchalen Strukturen anderer Motoradclubs gibt es bei Kuhle Wampe nicht, jeder Club ist basisdemokratisch organisiert, jedes Mitglied hat die gleiche Stimme.

Wie bist du zum Motorradclub Kuhle Wampe gekommen?

Ich kannte Mitglieder der Kuhlen Wampe von Anti-Pegida-Demos in Nürnberg, von meinem Engagement beim Nürnberger Bündnis Nazistopp und auch von der Linken Liste Nürnberg. Da ich selbst seit meinem 18. Lebensjahr Motorrad fahre, war es für mich sehr interessant zu erfahren, dass es tatsächlich linke Motorradclubs gibt, ich habe es allerdings nie geschafft, einmal auf einen Clubabend zu gehen.

2019 habe ich meinen jetzigen Partner über politische Aktionen kennengelernt. Dass er Mitglied bei Kuhle Wampe ist, wusste ich am Anfang nicht einmal. 2020 sind wir dann zusammengekommen, ich habe im Laufe des Jahres den Rest des Clubs kennengelernt und 2021 wurde ich bei Geyers Schwarzer Haufen aufgenommen. Inzwischen bin ich sogar zur Regionssprecherin der Region Bayern-Österreich gewählt worden.

Was sind eure Ziele?

Die Kernaussage unserer Grundsatzerklärung lautet:»Solidarität ist unser Motto«. Unsere Mitglieder unterstützen geflüchtete Menschen, engagieren sich in antifaschistischen Projekten und bei Gewerkschaften und beteiligen sich an Aktionen gegen Atomkraft. Wir sind regelmäßig Teil der Proteste gegen die SIKO in München, G7 und G20, und von »Rheinmetall entwaffnen«, auch an den Protesten in Lützerath haben Mitglieder der Kuhle Wampe teilgenommen.

Jeder Club und jede Region entscheidet eigenständig, welche Projekte vor Ort unterstützt werden. Einige Initiativen werden, in Absprache mit allen Clubs, auch vom Gesamtverband unterstützt. Unser Ziel ist ein solidarisches Miteinander.

Banu Büyükavci fährt meines Wissens nicht Motorrad. Woher kennt ihr euch bzw. wie seid ihr auf sie und ihren Fall gestoßen?

Da wir in Nürnberg gut vernetzt sind, haben wir natürlich von dem Versuch der Zentralen Ausländerbehörde gehört, Banu Büyükavci nach dem Urteil gegen sie abzuschieben. Banu selbst haben wir erst im Rahmen der Mahnwachen kennengelernt. Die Initiative, die die Mahnwachen organisiert hat, hat hervorragende Werbung für die Veranstaltungen gemacht.

Warum habt ihr Banu bei den Mahnwachen mit eurer Präsenz unterstützt?

Hätte man Banu in die Türkei abgeschoben, hätten ihr Gefängnis und Folter gedroht. Die Zentrale Ausländerbehörde in Nürnberg ist aller-

Mitglied von Kuhle Wampe / Geyers Schwarzer Haufen, Mahnwache für Banu Büyükavci, Kornmarkt, Nürnberg, Januar 2021

dings dafür bekannt, dass ihr solche Tatsachen vollkommen egal sind. Wir wollten dabei helfen, Druck auf die Stadt Nürnberg auszuüben, damit Banu hier in Sicherheit leben kann.

Diese geplante Abschiebung war ein Kniefall der Stadt Nürnberg, der Stadt der Menschenrechte, vor dem türkischen Diktator Erdoğan. Man schiebt keine Menschen in Folter und Haft ab. Daher war es für uns wichtig, unsere Solidarität zu zeigen und mitzuhelfen, diese Abschiebung zu verhindern. Bei den Solidaritätskundgebungen für Banu waren die beiden Nürnberger Clubs Kuhle Wampe Nürnberg und Kuhle Wampe / Geyers Schwarzer Haufen regelmäßig vertreten.

Was habt ihr bei den Mahnwachen erlebt?

Die verschiedenen Gruppen, die die Mahnwachen durchgeführt haben, haben auf sehr einfallsreiche Weise gezeigt, dass Protest nicht nur aus dem Rufen von Parolen bestehen muss, sondern kreativ und abwechslungsreich sein kann. Trotz Pandemie und den entsprechenden

Auflagen kamen monatelang jeden Mittwoch viele Menschen, um ihre Solidarität mit Banu zu demonstrieren.

Dass sich so viele unterschiedliche Gruppen, von Gewerkschaften über Naturfreunde, politische Parteien, antifaschistische Gruppen, Ärztevereinigungen und Feminist*innen bis zu kirchlichen Organisationen gemeinsam für Banu eingesetzt haben, war ein großartiges Erlebnis. Der Platz für die Mahnwachen war auch hervorragend gewählt. Vor der Straße der Menschenrechte für die Einhaltung derselben zu protestieren, war genau der richtige Weg.

Glaubt ihr, dass die Mahnwachen etwas bewirkt haben?

In jedem Fall. Dadurch, dass jede Woche und bei jedem Wetter so viele Menschen für Banu demonstriert haben, war es der Zentralen Ausländerbehörde nicht möglich, Banu einfach abzuschieben.

Ich denke, wenn es die Mahnwachen nicht gegeben hätte, wäre Banu in die Türkei abgeschoben worden.

Was haltet ihr von dem Gerichtsurteil, das Banu Büyükavci erhalten hat?

Das Urteil war eine Farce und ein Einknicken vor der türkischen Regierung. Die TKP/ML gilt nur in der Türkei als Terrororganisation, nirgends sonst auf der Welt, der § 129b StGB öffnet der Willkür Tür und Tor. Banu und ihre Mitangeklagten haben sich nichts zu Schulden kommen lassen, die TPK/ML in Deutschland wird sogar vom Verfassungsschutz als gewaltfrei eingestuft.

Deutschland, und vor allem Bayern, hat so viel Angst davor, dass die Türkei die Grenzen nach Europa für Geflüchtete öffnet, dass man hier Menschen opfert, um Erdoğan milde zu stimmen. Das war ein rein politisches Urteil.

Ich wünsche mir von Deutschland Mut und Ehrlichkeit

Marian Wild im Gespräch mit Susa Kaiser

Marian Wild: Wie kam es zu der Freundschaft zwischen dir und Banu Büyükavci? Wie würdest du Banu als Menschen beschreiben?

Susa Kaiser: Interessanterweise hat sich eine Freundschaft zwischen uns erst entwickelt, als sie im Gefängnis war – zuvor waren wir einfach Kolleginnen.

Banu war mir von Anfang an sympathisch, aber über ihre Gesinnung wusste ich gar nichts. Als Kollegin war sie zuverlässig und freundlich, und als Ärztin empathisch und gewissenhaft. Attribute, die ich den meisten meiner damaligen Kolleg*innen zuschreiben würde – mittlerweile arbeite ich nicht mehr in der Klinik, sondern in einer Praxis.

Bei einem Assistententreffen habe ich mich mit Banu auch einmal privat unterhalten, aber der Kontakt blieb kollegial, bis sie plötzlich verschwand. Zunächst ging das Gerücht um, sie sei bei einem kranken Verwandten in der Türkei, aber als sie monatelang nicht wieder auftauchte, begann ich, Erkundigungen einzuholen. Durch den Tipp einer Sozialpädagogin von Banus Station erfuhr ich von ihrer Verhaftung und kontaktierte ihren Anwalt, der dann den Kontakt zur inhaftierten Banu herstellte. Damit begann eine Art Brieffreundschaft, wobei wir die politischen Themen konsequent ausklammerten.

Banus Briefe haben mich sehr berührt. Die Frau, die ich in den Briefen kennenlernen durfte, war gefühlvoll und feinsinnig – und, trotz ihres Schicksals, erstaunlich optimistisch. Ich hatte den Eindruck, dass sie aus der Solidarität ihrer Freunde und Kollegen sowie den eigenen hohen Idealen unglaublich viel Kraft schöpfen konnte.

Du hast Banu während des Prozesses in München begleitet. Welche Eindrücke sind dir am stärksten in Erinnerung geblieben?

Der Aufwand, der dort betrieben wurde, und die Polizeipräsenz waren schon überwältigend. Die ersten beiden Male, als ich auf der Tribüne hinter Panzerglas Platz nahm, war ich ziemlich eingeschüchtert. Später, als nicht mehr zu jedem Prozesstag so viele Zuschauer kamen, fand ich die Anwesenheit von doppelt so vielen Beamten wie Zuschauerinnen und Zuschauern eher lächerlich.

Geärgert hat mich, dass schon ein Winken oder die Kusshand hinunter zur Freundin im Gerichtssaal sofort mit strengen Worten und Gesten unterbunden wurde – als hätte man ihr geheime Botschaften zuwinken wollen ...

Wie beurteilst du die Anklage, den Prozess und die Abschiebebemühungen? Welchen Reim machst du dir auf das Ganze?

Wenn ich ehrlich bin, finde ich die ganze Anklage absurd, es hätte hierfür nie eine Verfolgungsermächtigung geben dürfen. Warum werden in unserem sogenannten Rechtsstaat Menschen angeklagt, die nichts verbrochen haben? Wohlgemerkt, auch nicht in der Türkei! Warum gibt unser Staat sich und unsere Steuergelder für so etwas her, während echte Gefährder und Terroristen aus der rechten Szene auf freiem Fuß bleiben oder mit vergleichsweise geringen Strafen davonkommen?

Anfangs hatte ich noch Vertrauen in unsere Rechtsstaatlichkeit und dachte, dass der Prozess nur kurz dauern und mit einem Freispruch enden würde. Als aber immer mehr Zeit verging, wurde mir klar: Hier wird ein Exempel statuiert! Ich hatte den Eindruck, es gab von Anfang an nur eine Zielrichtung, und eine Umkehr wäre für den Staatsanwalt eine Niederlage gewesen und damit nicht denkbar.

Mich hat der Prozess in meinem Rechtsempfinden und vor allem in meinem Vertrauen auf den Rechtsstaat tief erschüttert. Die Abschiebebemühungen setzten dem Ganzen dann noch die bittere Krone auf. Unfassbar, dass eine Frau, die drei Jahre lang wegen äußerst fragwürdiger Anklagepunkte im Gefängnis saß, nun auch noch ausgeliefert werden sollte an ein Land, dessen Machthaber jeden Tag die Menschenwürde mit Füßen tritt.

Susa Kaiser, Mahnwache für Banu Büyükavci, Kornmarkt, Nürnberg, 28.7.2021

Du hast die Solidaritäts-Kampagne für Banu unterstützt. Was wurde mit ihr erreicht?

Was ich gelernt habe in der Zeit, als Banu im Gefängnis war, ist: Gerechtigkeit entsteht nicht vor Gericht. Es braucht Öffentlichkeit und einen breiten Diskurs, um zu wirklicher Gerechtigkeit zu finden. Menschen, die – aus welchen Gründen auch immer – keine Stimme haben, werden sonst nicht gehört.

Der »Fall« Banu bekam durch die Solidaritäts-Kampagne und die Mahnwachen große öffentliche Aufmerksamkeit, wurde von Zeitungen und in den sozialen Medien aufgegriffen. Das hat Wirkung gezeigt.

Meine Hoffnung ist, dass sich das auch für andere Menschen, die nicht so viel Unterstützung haben, positiv auswirkt, weil sich die grundsätzliche Haltung der Entscheider verändert, oder weil dadurch ein Präzedenzfall geschaffen wurde, der sich positiv auswirkt auf ähnliche Fälle.

Hast du dich auch mit der türkischen Literatur beschäftigt, die Banu in der Isolationshaft gelesen hat?

Banu hat mir ziemlich zu Beginn unserer Korrespondenz von türkischen Autor*innen und Sänger*innen erzählt, deren Texte und Musik sie

Hilde Domin, 1998

emotional berührt und ihr Hoffnung gegeben haben. Besonders gut ge-
fiel mir ein Musikstück von Melike Demirağ – *Arkadaş*, ein Song über
die Freundschaft. Zu einer melancholischen Melodie singt Demirağ von
einer Freundschaft, die alles überdauert. Die Zeile »Ein Tag kommt /
unsere Hände sind wieder freundlich vereint« hat mir Hoffnung gegeben, dass Banu freikommt und wir uns wiedersehen.

**Einer der Briefe, die Banu dir geschickt hat, enthielt auch das
Gedicht *Nur eine Rose als Stütze* von Hilde Domin. Diese deutsche
Schriftstellerin jüdischen Glaubens floh vor den europäischen Faschisten in die Dominikanische Republik, sie verließ Europa am selben Tag wie Stefan Zweig, am 26. Juni 1940.**

Nur eine Rose als Stütze

Ich richte mir ein Zimmer ein in der Luft
unter den Akrobaten und Vögeln:
mein Bett auf dem Trapez des Gefühls

wie ein Nest im Wind
auf der äußersten Spitze des Zweigs.

Ich kaufe mir eine Decke aus der zartesten Wolle
der sanft gescheitelten Schafe die
im Mondlicht
wie schimmernde Wolken
über die feste Erde ziehen.

Ich schließe die Augen und hülle mich ein
in das Vlies der verlässlichen Tiere.
Ich will den Sand unter den kleinen Hufen spüren
und das Klicken des Riegels hören,
der die Stalltür am Abend schließt.

Aber ich liege in Vogelfedern, hoch ins Leere gewiegt.
Mir schwindelt. Ich schlafe nicht ein.
Meine Hand
greift nach einem Halt und findet
nur eine Rose als Stütze.

Als Banu dir den Brief mit diesem Gedicht sandte, war sie in Stadel-heim inhaftiert – also in dem Gefängnis, in dem die Geschwister Scholl 1943 von der NS-Justiz eingesperrt und hingerichtet wurden. Was bedeutet dir dieses Gedicht und warum, denkst du, hat Banu es dir geschickt?

Sie hat sich damals intensiv auf den Prozess vorbereitet. Ich glaube, es ging ihr in dieser Zeit ganz gut, sie hatte offenbar Muse, zu lesen und Gitarre zu üben.

Banu schreibt aber auch von der Sehnsucht nach ihren Freunden. Und hat dem Brief noch einen Nachsatz, ebenfalls ein Zitat von Hilde Domin, beigefügt: »Nicht müde werden, sondern dem Wunder / leise wie einem Vogel die Hand hinhalten«.

Und müde ist Banu wahrlich nie geworden ...

Das Gedicht von Hilde Domin hatte für mich auch persönlich eine Bedeutung. Damals bin ich privat durch eine schwere Zeit gegangen, hatte eine unschöne Trennung hinter mir und gerade wegen eines Bandscheibenvorfalls meinen Job geschmissen und damit meine Karriere als Fachärztin aufgegeben. Domins Gedicht spiegelte meine damalige Gefühlslage wider – ein Drahtseilakt auf einem Trapez, das sich in der Leere wiegt. Die große Sehnsucht nach Erdung, nach einer Decke, die sich über das Chaos der Empfindungen legen möge. Es bleibt nur ein fragiler und mitunter dorniger Halt ... und dann kam dieses Gedicht von Banu, die im Knast so viel mehr durchgemacht hat als ich mir je werde vorstellen können. Das hat mir sehr geholfen, mich von meinem eigenen Kram etwas zu distanzieren.

Auch das Gedicht bekam nun eine andere Bedeutung. Es sprach von Sehnsucht, einer Sehnsucht nach Freiheit. Banu richtete sich ihr Zimmer ein in der Luft, wo die Gedanken frei sind wie Vögel, auch wenn diese manchmal auf der äußersten Spitze eines Zweigs balancieren. Und die Rose als Stütze schien mir jetzt weniger eine Metapher zu sein für Zerbrechlichkeit als ein Sinnbild für Schönheit und Fülle.

So floss Banus Energie auch aus ihren Briefen zu ihren Freunden *(lacht)*. Ob das Gedicht für Banu das Gleiche bedeutet hat wie für mich, weiß ich nicht, aber sicher ist, dass sie von der Ästhetik der Worte genauso berührt war, sonst hätte sie es mir nicht geschickt.

Was müsste sich aus deiner Sicht in Deutschland ändern?

Ich würde mir wünschen, dass wir trotz allen politischen Kalküls, das manchmal vielleicht gerechtfertigt ist, in der Sache der Menschenrechte aufrecht bleiben. Das sind wir unserer Geschichte schuldig. Das heißt aber auch, dass wir niemanden in einen Unrechtsstaat zurückschicken, aus dem er geflohen ist. Und dass wir keinen Staat materiell oder ideell unterstützen, der unsere Erwartungen an die Einhaltung der Menschenrechte nicht erfüllt.

Ich wünsche mir von Deutschland Mut und Ehrlichkeit.

Mahnwachen als gelebte Solidarität

Marian Wild im Gespräch mit Charly Johnson und Ulli Schneeweiß

Marian Wild: Mit den von ver.di wöchentlich durchgeführten Mahnwachen am Nürnberger Kornmarkt habt ihr maßgeblich dazu beigetragen, den Fall von Banu Büyükavci in die Öffentlichkeit zu bringen. Wie seid ihr auf das Thema aufmerksam geworden?

Charly Johnson: Banu ist seit 2013 – also bereits in der Zeit vor ihrer Verhaftung – im ver.di-Migrationsausschuss aktiv gewesen. Daher haben die Gremiumskolleg*innen den Prozess gegen sie sehr aufmerksam verfolgt.

Unsere damalige Geschäftsführung konnte beim Arbeitgeber von Banu, dem Klinikum Nürnberg, eine Beibehaltung des Arbeitsverhältnisses erwirken, und 2017 und 2018 organisierten wir als bezirklicher Migrationsausschuss zwei Informationsveranstaltungen zum § 129 des Strafgesetzbuchs. Bei der zweiten Veranstaltung war auch Banu anwesend und berichtete über die Zeit ihrer Inhaftierung.

Wir, die Kolleg*innen des Migrationsausschusses, kannten Banu also schon länger, und niemand von uns wäre je auf die Idee gekommen, sie auch nur in die Nähe von Terror und Gewalt zu rücken. Umso erschreckender war ihre plötzliche Verhaftung im April 2015 und das ebenso drakonische Urteil im Juli 2020. Da die Untersuchungshaft fast ebenso lang war wie die verhängte Freiheitsstrafe, gingen wir davon aus, dass damit dieses Schreckgespenst für Banu vorbei ist. Als dann die Stadt Nürnberg mit ihrem Ausweisungsverfahren begann, verstanden wir die Welt nicht mehr und schnell war klar, dies können wir so nicht stehen lassen. Banu gehört zu uns – also müssen wir etwas tun.

Für die Durchführung von über 30 Mahnwachen braucht es viel Durchhaltevermögen. Warum hat euch der Fall Banu Büyükavci so stark beschäftigt? Was fandet ihr daran inakzeptabel?

Ulli Schneeweiß: Eine Gewerkschaft hat mit Ausländerrecht naturgemäß nicht allzu viel zu tun, eigentlich haben wir uns mit der Frage der Voraussetzungen für Ausweisungen und Abschiebungen erstmals im Rahmen dieser Kampagne ernsthaft beschäftigt. Wirklich erschreckend fand ich dabei, dass für Migranten und Migrantinnen, nur weil sie zufällig keinen deutschen Pass haben, nach einer Verurteilung in erster Instanz fast schon automatisch eine zweite Bestrafung, nämlich die Ausweisung vorgesehen ist.

Da ist ein Urteil aufgrund eines höchst umstrittenen und ungerechten Paragrafen im Strafgesetzbuch ergangen, es ist noch nicht einmal rechtskräftig – und die Behörden betreiben dennoch bereits mit Nachdruck Ausweisung und Abschiebung.

Wenn dann – wie ihm vorliegenden Fall – eine Frau betroffen ist, der nicht einmal die Staatsanwaltschaft irgendwelche Delikte im Sinne von Gewalttaten und Vergehen gegen Dritte unterstellt hat, die im Gegenteil als Psychiaterin in einem anerkannten und dringend benötigten Beruf schon Tausenden von Menschen geholfen hat, drängt sich schon die Frage auf: Dient das Ausländerrecht tatsächlich den Menschen in diesem Land oder dient es nur sich selbst?

Durch eure Aktionen seid ihr immer wieder in Kontakt gekommen mit Entscheider*innen aus der Stadt und darüber hinaus. Wie hat die Stadt Nürnberg diesen Fall wahrgenommen?

Ulli Schneeweiß: In den ersten Monaten unserer Kampagne entstand der Eindruck, dass sich viele Entscheider*innen bei Stadt und Innenministerium vor ihrer persönlichen Verantwortung für die Schicksale, über die sie zu entscheiden haben, verstecken. Dies erfolgte entweder dadurch, dass gebetsmühlenartig wiederholt wurde, sie hätten eigentlich gar keine Entscheidungs- oder Ermessensspielräume, oder dadurch, dass die eigentliche Verantwortung für die Entscheidung wie bei einem Ping-Pong-Spiel ständig zwischen dem Bayerischen Innenministerium und der Stadt Nürnberg hin und her geschoben wurde.

160

Charly Johnson: Dem stimme ich absolut zu. Wenn es uns jedoch einmal gelungen ist, mit Entscheider*innen unmittelbar in Kontakt zu treten, waren diese durchaus sehr verständnisvoll. Es war also wichtig, Banu von einer Fallnummer zu einem Subjekt zu machen. Vor unserer Kampagne war sie für die Behörden lediglich das Objekt einer Entscheidung und kein lebender, fühlender Mensch.

Besonders bemerkenswert war in diesem Zusammenhang ein Aufeinandertreffen von Banu mit dem Oberbürgermeister der Stadt Nürnberg, Herrn König, am Rande eines interkulturellen Festes. Ich bin überzeugt, dass Herr König nach diesem 15-Minuten-Gespräch mit einer anderen Haltung an den Fall von Banu gegangen ist.

Nürnberg ist die »Stadt der Menschenrechte«. Wie bewertet ihr das in Bezug auf den Umgang mit Banu Büyükavci?

Charly Johnson: Natürlich denkt man bei einer drohenden Ausweisung und Abschiebung in die heutige Türkei des Despoten Erdoğan sofort an die dortigen Einschränkungen von Meinungsfreiheit, an willkürliche Verhaftungen, Folter und Unfreiheit, also an massive Menschenrechtsverletzungen. Und dahin wollte die Stadt Nürnberg trotz ihres Titels »Stadt der Menschenrechte« Banu Büyükavci ausweisen? Diesen Titel hat sich die Stadt ja selbst gegeben und muss sich dementsprechend daran messen lassen.

Die Ausländerbehörde der Stadt Nürnberg jedoch hat leider einen ausgesprochen schlechten Ruf, da sie in vielen Fällen restriktiver entscheidet als etwa die Nachbarstädte und im Umgang mit Migrant*innen recht schroff ist. Zu Beginn unserer Kampagne mussten wir also auch in diesem Fall mit einem »kurzen Prozess« seitens der Behörden rechnen.

Ulli Schneeweiß: Andererseits ist der Titel »Stadt der Menschenrechte« auch Verpflichtung für die Bürgerinnen und Bürger dieser Stadt, immer wieder für Menschenrechte einzutreten, und dort, wo sie verletzt werden, laut zu protestieren. Die Verteidigung der Menschenrechte kann schließlich niemals nur ausschließliche Aufgabe von Verwaltung und Regierung sein. Menschenrechte, die nicht von unten verteidigt werden, würden automatisch von oben im Lauf der Zeit geschliffen. So gesehen ist unsere Kampagne auch beispielhaft dafür gewesen, wie Menschenrechte in diesem Dialog zwischen Politik und Zivilgesellschaft verteidigt werden können.

Die meist über 100 Besucher*innen der einzelnen Mahnwachen waren ausgesprochen unterschiedlich – von der Grünen Jugend und den NaturFreunden Nürnberg-Mitte bis hin zum Motorradclub Kuhle Wampe. Wie habt ihr diese Mischung wahrgenommen und wie seid ihr mit den verschiedenen Gruppierungen in Kontakt gekommen?

Ulli Schneeweiß: Das Problem bestand weniger darin, mit diesen verschiedenen Gruppen in Kontakt zu kommen. Für Aktive in einer Gewerkschaft sollte es selbstverständlich sein, über entsprechende Netzwerke zu verfügen und Menschen auch außerhalb des Gewerkschaftshauses ansprechen zu können.

Das haben wir dann auch in den ersten Wochen intensiv getan und durften feststellen, dass wir an sehr vielen Stellen mit unserem Anliegen offene Türen einrennen.

Charly Johnson: Naturgemäß sind viele dieser Gruppen kommunistisch geprägt, weshalb dann andere wiederum fast schon automatisch die Distanz suchen. Dass dennoch sowohl ärztliche Standesorganisationen und die Kirche als auch politische Parteien von der SPD über die Grünen bis zu den Linken ebenso wie zivilgesellschaftliche Organisationen ganz praktische Solidarität übten und den in diesem Land üblichen Antikommunismus hintanstellten, war bemerkenswert.

Allen gemeinsam war die Überzeugung, dass es im vorliegenden Fall in erster Linie darum ging, drohendes Unrecht zu verhindern: Nur weil jemand seine kommunistische Überzeugung lebt und zu ihr steht, darf man diesen Menschen doch nicht sanktionieren oder gar aus dem Land werfen!

Was ist denn der Grund für den fast schon reflexhaften Antikommunismus in der Bundesrepublik Deutschland?

Ulli Schneeweiß: Da muss ich etwas ausholen. Obwohl ohne den Aufruf des Kommunistischen Manifests von 1848, »Proletarier aller Länder, vereinigt euch!«, Arbeitervereine und Gewerkschaften wohl kaum entstanden wären, die Klassenfrage also quasi zur DNA der Gewerkschaften gehört, ist selbst die abstrakte Beschäftigung mit dem *Kapital* und

Ulli Schneeweiß und Charly Johnson, Mahnwache für Banu Büyükavci, Kornmarkt, Nürnberg, 8.7.2021

anderen Werken in der Bildungsarbeit der Gewerkschaften fast anrüchig – zumindest ungewöhnlich.

Wie mag es da erst dem Durchschnittsbürger ergehen? Eiserner Vorhang, Ein-Parteien-Diktatur, Gulag-Säuberungsaktionen, Stasi … das sind die Begriffe, die einem sofort einfallen. Vom Wortlaut und von der Wissenschaft her hingegen orientiert sich der Kommunismus jedoch am lateinischen »communis«, der Gemeinschaft.

Woher kommt also die große Angst vor diesem Begriff und dieser Weltanschauung in Deutschland? Und warum ist sie anscheinend größer als in anderen europäischen Ländern? Selbst in unserem Nachbarland Österreich sitzt – ohne dass dort der Untergang des Abendlandes festgestellt werden konnte – die KPÖ seit über 20 Jahren im Grazer Gemeinderat sowie im Landtag der Steiermark.

Die Gründe liegen in der Historie. Bei der Gründung der BRD wollte man sich auf eine »Äquidistanz« zu allen rechten und linken »Totalitarismen« einigen. Ein Katalysator dafür war die Blockade West-Berlins 1948/1949 durch die Sowjetunion. Und sozialpsychologisch betrachtet erfüllte in der Ära Adenauer der Antikommunismus einen wichtigen staatspolitischen Zweck: Er lenkte von eigener Schuld und Vergangenheitsbewältigung ab und lieferte mit der Sowjetunion ein alternatives Feindbild. Verkürzt gesprochen: Nicht mehr der Jude war der große Feind im Inneren, sondern der Kommunist, der den Staat von innen und außen zersetzen will. Daher wurden Organisationen wie die KPD oder die FDJ in den 1950er-Jahren verboten, es wurden Hunderttausende von Verfahren gegen mutmaßliche Kommunisten angestrengt und Berufsverbote ausgesprochen. Zwischen 1951 und 1968 wurden siebenmal so viele Kommunisten verurteilt wie ehemalige NS-Täter. Allein 1956 – nach dem KPD-Verbot – gerieten sage und schreibe ein halbe Million Staatsbürger in den Verdacht der Geheimbündelei und der Staatsgefährdung, sie wurden observiert und verfolgt. Eine solch systematische Verfolgung von politischen Linken ist im demokratischen Europa bisher einmalig.

Die CDU plakatierte im Wahlkampf 1953: »Alle Wege des Marxismus führen nach Moskau«, und die Union wandte sich 1976 mit dem Slogan »Freiheit statt Sozialismus« gegen die SPD-Ostpolitik.

Es gibt tatsächlich aber auch genug Möglichkeiten, sogenannte sozialistische Staaten zu delegitimieren. Algerien, Angola, Bangladesch, Laos, Nepal, Eritrea, Kuba, Venezuela, Vietnam und Syrien werden bei Wikipedia in einem Atemzug als sozialistisch benannt, selbst China findet sich dort in dieser Kategorie. Also völlig unterschiedliche Systeme gemeinsam in einem Topf – Schurkenstaaten ebenso wie sehr um ihre Menschen bemühte Republiken. Ich wüsste aber nicht, wie jene Länder und ihre Regierungsformen vergleichbar wären.

Und was gab es nicht schon alles an Begriffen für solche Systeme: Kommunismus, Sozialismus, Reformkommunismus, bolivarischer Sozialismus, sozialismo tropical, Kommunismus, gemäßigter Sozialismus, Demokratischer Sozialismus, Marxismus-Leninismus, arabischer Baathismus, indonesischer Nasakom-Sozialismus, Maoismus, Zapatismus, Titoismus, Stalinismus und Rätekommunismus bis hin zum sogenannten ungarischen »Gulaschkommunismus«.

Alles böse, alles dasselbe? Dann sind auch viele unbestritten bedeutende deutsche Denker ebenso böse. Zum Beispiel Thomas Mann, der

1944 erklärte:»Ich glaube, ich bin vor dem Verdacht geschützt, ein Vor-
kämpfer des Kommunismus zu sein. Trotzdem kann ich nicht umhin, in
dem Schrecken der bürgerlichen Welt vor dem Wort Kommunismus, diesem Schrecken, von dem der Faschismus so lange gelebt hat, etwas Aber-
gläubisches und Kindisches zu sehen, die Grundtorheit unserer Epoche.
Der Kommunismus ist als Vision viel älter als der Marxismus und enthält
auch wieder Elemente, die erst einer Zukunftswelt angehören.«

Oder Albert Einstein, der 1949 in einem Essay beklagte:»Dem Studenten wird ein übertriebenes Konkurrenzstreben eingetrichtert und er
wird dazu ausgebildet, raffgierigen Erfolg als Vorbereitung für seine zu-
künftige Karriere anzusehen. Ich bin davon überzeugt, dass es nur einen
Weg gibt, dieses Übel loszuwerden, nämlich den, ein sozialistisches Wirt-
schaftssystem zu etablieren, begleitet von einem Bildungssystem, das
sich an sozialen Zielsetzungen orientiert.«

**Hat es einen Einfluss gehabt auf den Prozess in München und
die Urteilsfindung, dass Banu Büyükavci und ihre Freunde und Genossen Kommunisten sind?**

Ulli Schneeweiß: Davon bin ich fest davon überzeugt. Wäre eine
Verfolgungsermächtigung gegen die TKP/ML erfolgt, wenn diese keine
kommunistische Organisation wäre? Wohl kaum. Wäre der Prozess in
München so ausgegangen, wie er ausgegangen ist, wenn keine Kommunisten angeklagt gewesen wären? Wohl kaum!

**Noch einmal zurück zu den Mahnwachen: Wie schwierig war es,
so viele unterschiedliche Gruppierungen und Positionen unter einen
Hut zu bringen?**

Charly Johnson: Die Breite unseres Bündnisses war dessen Erfolgs-
rezept. Die Gegenseite konnte uns nicht einfach in die Schublade stecken:
»Ah – wieder mal die Linken/Kommunisten/Berufsdemonstranten ...«
Und wenn sich ein solcher Protest nicht als Eintagsfliege erweist, sondern kontinuierlich stark bleibt, beeindruckt das natürlich umso mehr.
Die Kampagne »#BanuMussBleiben« war und ist für mich ein Beispiel
gelebter Solidarität.

Ulli Schneeweiß: Solche Bündnisse funktionieren natürlich nur auf
Augenhöhe, müssen also allen beteiligten Organisationen die Chance ge-

ben, sich gleichberechtigt einzubringen. Das konnten wir sicherstellen durch ein sehr breit aufgestelltes Kampagnenteam, in dem alle wichtigen Entscheidungen diskutiert und beschlossen wurden. Auch bei den Mahnwachen selbst hatten alle die Gelegenheit, sich inhaltlich mit Redebeiträgen oder Performances einzubringen.

Der Prozess gegen Banu Büyükavci war auch deswegen so unerträglich, weil man manchmal das Gefühl hatte, dass in der grundlegenden Rechtsprechung Denkfehler enthalten sind. Wie denkt ihr darüber?

Ulli Schneeweiß: Von einem »Denkfehler« würde ich nicht sprechen, sondern von einem völlig falschen Ansatz: Die Bundesrepublik versucht, sich gegen ihrer Meinung nach schädliche Einflüsse mittels Straf- und Ausländerrecht zu wehren. Das wird dem Grunde nach jeder Staat so machen. Die zugrundeliegende Vorschrift des § 129b StGB jedoch besagt, dass es gar nicht darauf ankommt, ob die Person für die BRD selbst gefährlich sei. Die BRD macht sich einfach die Terrorismus-Definition eines Drittstaates zu eigen – in diesem Fall der Türkei. Wer für die Türkei als »terroristisch« gilt, ist es dann auch für die BRD, sofern im Einzelfall das deutsche Justizministerium einer Verfolgung zustimmt.

Und damit sind wir fast schon automatisch im politischen Raum: Im Fall von Banu Büyükavci erfolgte die Zustimmung zur Verfolgung der TKP/ML im Vorfeld des deutschen Flüchtlingsdeals mit der Türkei …

Was müsste sich aus eurer Sicht ändern, damit sich so ein Fall wie der von Banu nicht wiederholen kann?

Charly Johnson: Migrant*innen müssten ganz einfach als Teil dieser Gesellschaft und nicht als Fremdkörper begriffen werden. Es käme dann nicht mehr darauf an, woher du kommst, sondern dass du einfach Mensch und Bürger*in dieses Landes bist.

Dann würde der Mensch zählen und nicht der Apparat in Gesetzgebung und Justiz.

Epilog

Dieses Buch ist ein Beispiel dafür, wie schnell ein Mensch, der sich außerhalb des politischen Mainstreams engagiert, in die Mühlen der Justiz geraten kann, und wie unerbittlich hart (in manchen Fällen aber auch erstaunlich sanft) diese dann mahlen – je nach Gemengelage aus zwar niemals explizit genannten, aber dennoch stets wirksamen »höheren Interessen«.

Gerichte und Richter*innen haben einen großen Auslegungsspielraum für die Anwendung von Gesetzen. Aber sie nutzen ihn nicht immer verantwortungsvoll, wie es das Beispiel des Nürnbergers Gustl Ferdinand Mollath gezeigt hat, der aufgrund von Verleumdung durch seine – wie sich später herausstellte in Schwarzgeldgeschäfte verwickelte – Ehefrau, irriger psychiatrischer Gutachten und völlig fehlgeleiteter Vertreter*innen der Bayerischen Justiz insgesamt sieben Jahre (!) zu Unrecht im psychiatrischen Maßregelvollzug saß. Erst gewissenhafte journalistische Recherche und massiver öffentlicher Protest führten schließlich zu einem Wiederaufnahmeverfahren und einem Freispruch für Gustl Mollath.

Was kann man daraus lernen? Auch in einem Rechtsstaat wird Gerechtigkeit nicht auf dem Silbertablett serviert, um sie muss immer wieder neu gerungen, gestritten und gekämpft werden.

Auch im Fall Banu Büyükavci wurde heftig gerungen, gestritten und gekämpft, zuerst vor Gericht, und dann auf der Straße. Die Zivilgesellschaft meldete sich zwischen Dezember 2020 und Juli 2021 bei insgesamt 33 Mahnwachen auf dem Nürnberger Kornmarkt zu Wort – bei Regen und bei Schnee, vielstimmig und eindringlich, getragen von dem niemals nachlassenden Engagement und Beharrungsvermögen zahlreicher Bürgerinnen und Bürger.

Am Ende war die Kampagne »#BanuMussBleiben« erfolgreich – auch wenn damit noch lange nicht alle mit der Verhaftung, dem Prozess und dem Urteil über Banu Büyükavci und die Mitangeklagten verbundenen Fragen ausreichend geklärt sind.

Fest steht: Wohl denen, die Unterstützer*innen haben in schweren Zeiten. Denn dass Zivilcourage und Mut Erstaunliches bewegen können, auch das beweist die Geschichte von Banu Büyükavci. Sie ist damit ein Appell, nicht wegzuschauen und zu schweigen, wenn Unrecht geschieht, sondern sich einzumischen, Stellung zu beziehen und Haltung zu zeigen. Also den aufgrund inflationären Gebrauchs schon fast zur Leerformel gewordenen Begriff der »Solidarität«, des Füreinander-Eintretens und Einander-Beistehens immer wieder neu mit Leben zu erfüllen.

Marian Wild und Manfred Rothenberger

Anhang

Biografien

Christine Deutschmann
Kaufmännische Angestellte, Kuhle Wampe – Geyers Schwarzer Haufen, Nürnberg

Charly Johnson
Verwaltungsangestellte, Vorsitzende des ver.di-Landesmigrations-ausschusses, Nürnberg

Susa Kaiser
Ärztliche Psychotherapeutin in freier Praxis, Nürnberg

Jürgen Kaufmann
Pastoralreferent, Offene Kirche St. Klara, Nürnberg

Felicia Peters
Sängerin und Songwriterin

Manfred Rothenberger
Verleger und Direktor des Instituts für moderne Kunst Nürnberg

Renate Schmidt
Sozialdemokratische Politikerin, Vizepräsidentin des Deutschen Bundestages (1990 bis 1994), Bundesministerin für Familie, Senioren, Frauen und Jugend (2002 bis 2005)

Ulli Schneeweiß
Gewerkschaftssekretär, ver.di Bezirk Mittelfranken, Nürnberg

Marian Wild
Kunstwissenschaftler und Autor

Yunus Ziyal
Rechtsanwalt und Strafverteidiger, Mitglied im Republikanischen
Anwältinnen- und Anwälteverein, Nürnberg

Bildnachweis

Dank

Diese Publikation wurde ermöglicht durch die Unterstützung zahlreicher Spenderinnen und Spender über die Spendenplattform betterplace.org. Organisiert haben diese Crowdfunding-Aktion die NaturFreunde Nürnberg-Mitte e.V.

Allen Unterstützerinnen und Unterstützern sei hiermit herzlich gedankt.

Herausgeber
NaturFreunde Nürnberg-Mitte e.V.

Lektorat
Manfred Rothenberger, Anke Schlecht

Gestaltung
Timo Reger, Nürnberg

Schrift
Lyon, Akzidenz-Grotesk

Papier
Fly 05 spezialweiß, 130 g/m^2

Herstellung
Westermann Druck Zwickau GmbH

© Fürth 2023, starfruit publications
www.starfruit-publications.de
All rights reserved.
Printed in Germany.
ISBN: 978-3-922895-56-5